# 近代日本・朝鮮とスポーツ

## 支配と抵抗、そして協力へ

金　誠

塙選書 122

【目次】

# はじめに——大歓声のスタジアム

一九三六年八月九日、ドイツの首都ベルリン。大歓声の競技場に姿を現した小柄なマラソンランナーは、後続の選手に圧倒的な差をつけ、一位でゴールテープを切った（写真1）。その瞬間、オリンピックのマラソンの金メダルをアジアの一青年が獲得することになったのである。この快挙は日本のマラソン史における画期的な勝利でもあった。周知の通り、このとき金メダルを獲得した選手は朝鮮半島出身の孫基禎《ソン・ギジョン》である。彼が朝鮮人でありながら日本代表選手としてオリンピックに出場せざるをえなかった事実は、今では多くの人に知られている。

第一一回オリンピック競技大会（ベルリン）（以下「ベルリン五輪」）のマラソンで孫基禎が金メダルを獲得したことは、日本と当時その植民地であった朝鮮半島の両地域にわたって好意的に、また熱狂的に受け入れられたため、その後も双方において歓迎されるはずであった。しかし朝鮮半島が日本の植民地であるという現実は、そのムードを一変させる。朝鮮の民族系メディアが、金メダルに輝いた孫基禎の姿を宗主国日本への抵抗の表象として取り扱った

写真1　孫基禎のゴールシーン
（『アサヒスポーツ』1936年9月号）

のである。朝鮮中央日報社と東亜日報社は、新聞に掲載される孫基禎の写真から胸の日の丸を消し去った。これに対して朝鮮総督府は、朝鮮民族のナショナリズムをこれ以上高めさせないために民族系メディアへの圧力を強めた。支配―被支配の関係のなかで折り重なり合う権力とナショナリズムは、スポーツを政治的アリーナへといざない、日本と植民地朝鮮の争いがスポーツを通じて表面化することになったのである。

植民地朝鮮とスポーツについては、この事件が一般的にクローズアップされることが多いが、この背景にある植民地朝鮮におけるスポーツの実態はいかなるものであったのだろうか。孫基禎のベルリンでの活躍とその後の日章旗抹消事件は、当時の支配―被支配の関係が及ぼした影響を表すものではあっても、それだけでは朝鮮半島における植民地支配とスポーツとの関係を十分に説明しきれないこともまた事実である。

本書は植民地時代の朝鮮半島のスポーツに焦点を合わせ、スポーツを通じて日本と朝鮮との間の植民地支配について考察しようとするものである。スポーツは表象として存在する文化であると同時に、身体を介在するリアルな文化でもある。この仮想的な、いわばイメージを共有させることになる部分と、現在する身体そのものに介入していく部分に、支配する側、される側の思惑がどのように反映され、どのような影響を及ぼしたのかについて明らかにしてみたい。

本書は二部構成になっており、第1部では帝国日本の視点から朝鮮統治技術としてのスポーツを、第2部においては植民地朝鮮の視点から朝鮮民族のナショナリズムとスポーツとの関係を描いていくことで、スポーツを媒介にした双方の思惑と植民地社会におけるスポーツの実際に迫る。

第1部のⅠでは朝鮮神宮競技大会というスポーツ大会に着目した。植民地支配の象徴ともいえる大会の実像を、大会創設の背景から展開にいたるまで描いている。Ⅱでは皇国臣民体操と武士道精神が植民地朝鮮において、どのように展開されたのかを植民地支配の論理に沿って理解してみたい。Ⅲでは朝鮮半島の総力戦体制下におけるスポーツと身体管理の問題を取り上げ、動員に向けた支配をより拡大させるために、どのような身体活動がなされたのかについて検討している。

第2部のⅣでは植民地支配によって抱かれた朝鮮知識人のコンプレックスがスポーツによってどのように払拭されたのか、また朝鮮民族を近代的なるものに親しませるために、スポーツをどのように利用したのかについて考察してみた。Ⅴでは当時の朝鮮民族の高等教育機関である普成《ボソン》専門学校（現、高麗《コリョ》大学）のスポーツについてみてみたい。朝鮮人エリートを養成する機関において、スポーツがどのような意義をもって行われたのかに着目した。

ⅥとⅦはオリンピックと植民地朝鮮に関わる内容となっている。Ⅵでは第一〇回オリンピック競技大会（ロサンゼルス）（以下「ロス五輪」）、さらにベルリン五輪に出場した朝鮮人選手らに着目しながら、朝鮮民族としての期待と日本代表選手であるという苦悩のはざまにおかれた立場について理解しようと努めた。そしてⅦでは、Ⅵでみられた朝鮮知識人の志向性やナショナリズムが宗主国日本とぶつかることにより、苦境に立たされた英雄孫基禎に焦点を当て、彼のベルリン五輪での金メダル獲得後の立場とその後の対日協力行為について考察してみた。

本書の各章は著者にとっては思い入れをもって取り組んだテーマであり、どの章から読んでいただいても独立したトピックとして読むことができるかと思う。だからといってバラバラに描いているわけではなく、著書の全体から植民地支配とスポーツをめぐる関係、あるいはそれぞれの異なる位相からみえてくる植民地支配の現実を、スポーツを通して描こうと心がけた。著者が描こうとしたスポーツと日本・朝鮮の近代について、読者の方々が関心をもっていただければ喜ばしい限りである。

なお朝鮮半島が日本の植民地下におかれたのは一九一〇年からのことになるが、本書においては双方のスポーツ活動がより交錯することになった一九二〇年代から一九四五年までの期間を、その対象として扱っていることをあらかじめお断りしておきたい。また本書では漢字の旧字体をできる限り新字体に改めて記述している。

# 1

# 朝鮮統治技術としてのスポーツ——帝国日本の視点

# Ⅰ　朝鮮神宮競技大会の創設と展開――支配の象徴

## 植民地の近代化のなかで

朝鮮神宮競技大会は、植民地朝鮮において開催された初の総合的なスポーツ競技大会であった。こうしたスポーツの祭典は、ただスポーツ競技を行うことだけに意義があったわけではない。古代ギリシアで開催されていたオリンピックが、ゼウスを祀る競技大会として開催されていたように、この競技大会は朝鮮神宮の祭神である天照大神と明治天皇を祀るための競技大会でもあり、「半島のオリンピック」として開催されていたのである。

朝鮮神宮競技大会の第一回大会は一九二五年十月に開催されている。この時期の京城（現ソウル）は建設ラッシュであった。金白永《キム・ペギョン》によると、一九二五年から一九二六年は京城の都市空間に劇的な変化がみられた期間であり、朝鮮総督府新庁舎、朝鮮神宮、京城駅、京城府庁、京城運動場、京城帝国大学などが同時多発的に建設され、幹線道路網の一次整備事業なども完了し、都心部の空間の機能的分化が進んだとしている。大会創設の背景にはこうした都市開発・整備事業があり、近代的な都市への移行過程のなかで朝鮮神宮競技大会も創設されていく。

またこの時期の植民地政策は、一九一九年に起こった朝鮮民族の抵抗運動である三・一独立運動の影響により、それまでの強権的な武断政治から文化政治とよばれる政策が展開されるようになっていた。後に少しふれるが、民族系メディアの東亜日報社や朝鮮日報社などはこの時期に結成されるとともに、さまざまなスポーツ事業を主催・後援している。朝鮮人のスポーツ組織である朝鮮体育会が結成されたのも文化政治期であるが、だからといって植民地支配が緩和されたわけではない。

これまでの朝鮮近代史研究によって明らかにされてきているように、文化政治期は朝鮮半島に近代的な雰囲気が醸成されるとともに支配はより巧妙に、より複層的なものへと転化していったのである。より安定的な支配のあり方を支配者側は模索していた。スポーツはその志向に好都合な文化のひとつでもあった。

Ⅰでは植民地朝鮮におけるスポーツイベントとして、最も重視された朝鮮神宮競技大会の創設のプロセスと大会の展開を追ってみたい。

## 朝鮮神宮競技大会創設の背景

### ①京城運動場の竣工

　まず何よりも朝鮮神宮競技大会の開催に際して必要となったのは、競技大会を開催することのできる大規模な運動場であった。総合的なスポーツ大会を開催するにあたって、それに見合った「場」が必要とされたのである。そこで建設されたのが京城運動場であった（写真2）。

　京城運動場は、現在の東大門《トンデムン》歴史館・運動場記念館のある場所に建設された朝鮮で初の総合運動競技場であった。当時は光熙門《こうひもん》《グァンヒムン》と東大町《とうだいちょう》《トンデジョ》との中間に当たる訓練院広場の東方公園地に二万二七〇〇坪の総面積を誇り、工事には一五万五〇〇〇円を費やしたという。

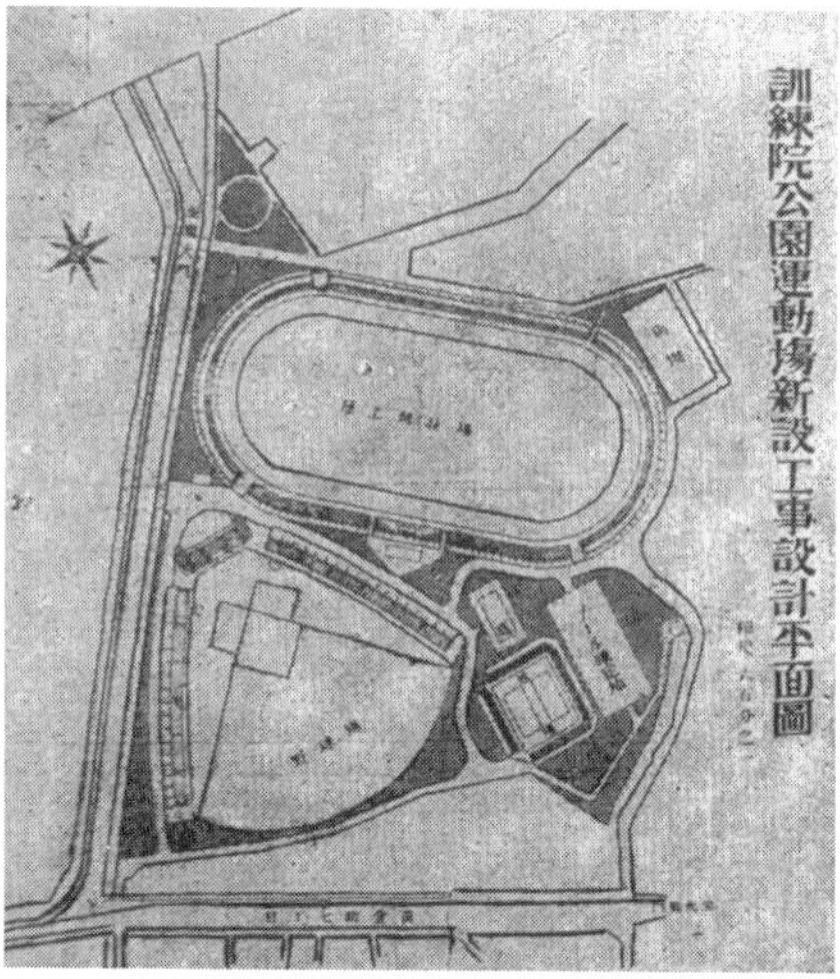

写真2　京城運動場計画図
（『京城日報』1925年5月30日）

　この運動場建設は「数年前より大京城として完全な一大運動場が欲しいと云ふ余論が旺になり、大正十二年の春に府《ふ》で大体の計画を樹《た》てたが、時恰も東宮殿下御結婚記念事業として何等かの計画実現を必要とするに至つた」（『朝鮮』一九二五年十一月号　高麗書林復刻版、一九八七年、一四五頁）のであり、朝鮮半島におけるスポーツ熱の高まりと東宮の御成婚記念事業として建設に着手したことがわかる。

当時の京城の運動施設といえば、学校の運動場に依存することがほとんどで、たとえばテニスコートにしても一般に開放されることがなかった。そのため施設の整った運動場の建設が望まれたのである。またこの運動場の建設は東宮の結婚を祝した記念事業とされているが、それは「東宮殿下には予て体育方面に特に御熱心に御奨励あらせられ」ていたことが、京城運動場建設と東宮御結婚記念事業とを結びつけたようである。

当時その設計に携わった京城府の技師大森鶴吉は、この記念事業に万全を期すために日本の著名なグラウンドや運動場を視察している。さらに外国の運動場についても研究を重ね、体育協会の関係者とも意見を交換したうえで設計に取りかかるという徹底ぶりだった。

運動場建設が本格的に始まったのは、一九二五年五月の起工式を終えたころからである。起工式にいたるまでは土地の買収や建設経費などいくつかの問題を抱え、建設事業は足踏み状態だったが、起工式後は朝鮮神宮競技大会が開催される十月に合わせて計画通りに運動場が建設されていった。総面積二万二七〇〇坪中、陸上競技場八五〇〇坪、野球場五五〇〇坪、庭球場一二〇〇坪、水上競技場（予定地）六〇〇坪、馬場五五〇坪、植樹芝生地道路六三五〇坪となっている。

これらの設備の完成に際して大森は、日本の明治神宮競技場や甲子園球場にかかった費用と比べると六分の一程度の費用しか投じられなかったことに対して不満をもっていたが、

「幸ひに現運動場が一般土木事業界の不況時にもあつた関係上経費の割合に相当の設備をなし得た事を了承されたいと思ふ」（『京城日報』一九二五年十月十日）と述べ、日本の競技場に比べて投じた費用が極端に少なかったにもかかわらず、一定の施設を備えた運動場が建設できたことに安堵している。

こうして竣工された京城運動場は、十月十五日に催される朝鮮神宮鎮座祭の後に運動場の開場式を挙げ、同月十七、十八日に第一回朝鮮神宮競技大会の競技会場として初めて使用されることとなった。

### ②朝鮮体育協会の活動

朝鮮神宮競技大会を主管したのは朝鮮体育協会であった。朝鮮体育協会は朝鮮における体育・スポーツの普及発展を目的として、一九一九年二月に朝鮮新聞社の後援をうけつつ発足している。この体育協会は京城庭球団と京城野球協会を中心として組織されていたため、発足当初は「野球と庭球に力を注ぎ斯道の発達普及を図る」ことにその目的がおかれていた。これは植民地期の朝鮮における日本人のスポーツ活動が、野球と庭球を中心に行われていたことを示すものでもある。

朝鮮体育協会の運営資金は会費と寄付金にもとづく基金で成り立っていた。そのうち寄付金の占める割合が大きく、おもに総督府と民間企業に頼っていたために総督府の政策次第で運営に大きな影響が及ぼされることは明らかであった。そのことを顕著に示すのが、朝鮮神宮競技大会が創設された年の一九二五年に起きた朝鮮総督府の鉄道経営に関する移管問題であった。この問題は、朝鮮総督府がそれまで南満洲鉄道株式会社に委託していた鉄道の経営を新鉄道局へ移管すると決定したことによるが、その移管が同年三月三十一日に施行され、総督府の予算は新たに創出された鉄道局に大きく流れることになったのである。これにより朝鮮体育協会は運営上の資金不足の問題を抱え込み、移管問題の余波をうけて、朝鮮体育協会の組織改造問題にまで発展するという事態に陥った。

運営の窮地に立たされた朝鮮体育協会では、四月から「朝鮮体育協会先月末役員会を開いて今年の予算、事業計画、役員改選、その他に関して協議した結果予て本紙が報道した通り従来の組織を会員組織とし年額十二円以上を納むるものを会員とすること」（『京城日報』一九二五年三月九日）となり、組織改造についての方向性が示された。朝鮮体育協会を会員組織としたのは多くの人々を会員とすることで会費を調達し、資金不足の解消を図ろうとしたことにほかならなかったが、このような結果を招いたのは朝鮮体育協会の半官半民の性格によるものでもあった。こうした資金不足が影響して、朝鮮体育協会はそれまで主管・主催していた各種スポーツ大会からは手を引きはじめ、朝鮮神宮競技大会の主管に集中していくことになるのである。

ところで朝鮮体育協会は第一回の朝鮮神宮競技大会の準備にあたり、まず競技細目および選手の出場資格を決定している。第一回大会で採用された種目は陸上競技、野球、庭球、バスケットボール、バレーボールの五種目であったが、陸上競技を除く四種目についてはそれまでの競技成績を加味したうえで、大会役員会の推薦により出場者が決定されていた。陸上競技の出場資格に関しては「脚力を以て渡世している者即ち車夫、配達夫等を除く一般学生、青年団員、女子学童に限る」（『京城日報』一九二五年九月九日）と規定されており、車夫などのいわゆる脚力の強さを生業としている者の参加は認められなかった。

大会の経費に関しては協会の取った見積から経費不足が明らかとなり、これに対応するために同協会は会長の生田清三郎の名で、斎藤実朝鮮総督宛に二〇〇〇円の補助金の下付願いを提出すると、「本府でも同大会が神宮を寿ぐ最も好き方法であり、全鮮の体育及競技発達に資する事甚大なので是に諒解を与えてゐるので近く下附される模様である」（『京城日報』一九二五年九月二十日）と報じられ、総督府が朝鮮神宮競技大会を重要視する認識もあいまって事なきをえている。

また経費不足のために貴重な収入となったのが大会の入場料であった。入場料については、大会開催が差し迫った十月八日に最終的な打ち合わせが行われ、各競技三日共通券一円五〇銭、一日券七〇銭、学生三日券八〇銭、一日券四〇銭と決定されている。この金額は当時朝鮮の地方で働く人夫一日の賃金が、男性の場合は最高で一円から最低五〇銭であったことを考慮すると決して安い金額ではなかった。そのため十五日の京城運動場における開場式ならびに朝鮮神宮競技大会の開会式は、一般民衆を運動場に多く集めるために無料で開放すると決定した。

朝鮮体育協会にはこのほかにも大会プログラムの作成を行うなど、朝鮮神宮競技大会の細部にいたるまで、全面的にその運営・管理が委託されていた。こうして朝鮮体育協会によって、大会の準備が着々と進められていったのである。

### ③朝鮮神宮の創建

朝鮮神宮の創建は、日本による植民地朝鮮への宗教政策が具現化されたものとみることができる（写真3）。これは近代日本における国家神道の存在を抜きにしては語れない。既存の神社神道が、天皇制イデオロギーにもとづく皇室神道と結びつくことによって登場してきたものが当時の国家神道であり、明治期には伊勢神宮を頂点とする近代社格制度にもとづいてシステム化されていた。この体制が植民地であった朝鮮にも拡大され、それを最もよく象徴するものとして朝鮮神宮が創建されるのである。

創建についての内閣告示が出されたのは一九一九年であった。その告示をみると「朝鮮神社創立並其ノ社格　大正八年七月　内閣告示第十二号　一　朝鮮神社　祭神　天照大神　明治天皇　右神社ヲ朝鮮京畿道《キョンギド》京城府南山《ナムサン》ニ創立シ社格ヲ官幣大社ニ列セラルル旨仰出サル」（帝国地方行政学会編「社寺　宗教」『朝鮮法規輯覧（全）』帝国地方行政学会、一九二〇年、一頁）となっており、内閣告示が出された当初はまだ「朝鮮神宮」という名称ではなく、「朝鮮神社」であったことがわかる。「朝鮮神宮」への名称変更は一九二五年六月に出された内閣告示のときであり、鎮座祭が行われる四ヶ月前のことであった。

写真３　朝鮮神宮一の鳥居
（『京城日報』1925年10月３日）

『大陸神社大観』によると、朝鮮神宮は「朝鮮に於ける内鮮同胞をして報本反始の誠を尽し精神生活の中枢を明徴にし、半島大衆の向ふ所を昭示し給はんとの大御心に基づく」ものとされ、また総督府も「内鮮人の共に尊崇する事の出来る神祇を勧請して、半島住民の報本反始の誠を致させ、内鮮融和を図るのは、朝鮮統治上最も緊要の事」とし、朝鮮神宮の創立が内鮮融和を図るうえで重要な役割を果たすものと考えられていた。

祭神に関しては上記のように天照大神ならびに明治天皇としているが、この祭神をめぐっては論争が起きている。内閣の告示によって定められた祭神に対して、神道関係者が異議を唱えたことでこの論争は始まったのだが、告示に反した小笠原省三の主張は以下の三点であった。

一、祭神に朝鮮国土の神を奉祀せよ。
二、社殿の様式を、朝鮮の風土に適したるものとせよ。
三、調度装束及祭式は、内鮮両地の長を採りて新儀式を制定せよ。

（小笠原省三『海外の神社』神道評論社、一九三三年、一八六―一八七頁）

小笠原の主張は興味深い。朝鮮人の内鮮融和をうながすには、朝鮮における朝鮮人のための神社を創建する必要があると説いているのである。そのため祭神は朝鮮で古来より崇拝されている檀君《ダンクン》を祀り、朝鮮の気候風土に合わせた社殿を設け、朝鮮の文化も取り入れながら、それらを神道という枠のなかへとからめとるべきだというのである。

しかしこの主張は退けられる。その理由として檀君は朝鮮における伝説的存在であり、天照大神や明治天皇と檀君とを合祀することは、むしろ朝鮮民族に神宮軽視の念を抱かせる結果になると判断したためであった。ここでの論争からわかることは、日本の側が神宮に対する日本独自の価値観を重視すると同時に、支配の象徴性をこの朝鮮神宮に託している点であろう。「内鮮融和」は文化政治期のスローガンでもあったが、思想的問題には微妙な駆け引きが見受けられる。

ともあれ朝鮮神宮は創建され、一九二五年十月十五日には鎮座祭が挙行される運びとなった。後述するが、この日は京城運動場の開場式、朝鮮神宮競技大会の開会式と同日であった。スポーツと「神宮」が強く結びついて朝鮮半島の人々の目の前に現れることになるのである。

### ④明治神宮競技大会との関係

朝鮮神宮競技大会の開催に先立つ一九二四年十一月、日本で第一回明治神宮競技大会が開催されている。朝鮮神宮競技大会は、明治神宮競技大会の予選大会としても位置づけられていた。高嶋航は、こうした神社、競技場、競技会が一体となった体制を「明治神宮大会体制」と名づけている（高嶋『帝国日本とスポーツ』）。朝鮮神宮競技大会はこの体制が植民地朝鮮にまで拡大されたものであり、明治神宮競技大会開催の目的から、植民地朝鮮における「明治神宮大会体制」の拡大を確認しておきたい。

一九二四年の第一回明治神宮競技大会を主管したのは内務省であり、当時の神社行政が内務省の管轄であったことが、そのひとつの要因だと考えられる。そのため明治神宮外苑造営には内務省内に設置された明治神宮造営局が携わり、明治神宮奉賛会と提携しつつ神宮外苑の設計および施工がなされたのである。そして一九二四年十月に競技場がまず竣工され、同月に竣工式を挙行し、十一月の明治神宮例祭を機として明治神宮競技大会が開催されている。

また内務省はそうした神社行政に携わる一方で、一九一六年に保健衛生調査会を設置しており、労働者の増加にともなう衛生上の問題を解決することで、労働力の確保を意図するようになる。そのために体育・スポーツを奨励し、体力の鍛錬を中心とした「国民保健事業の進展」を図ろうとしていたということも、この当時、内務省が手がけた政策の特徴のひとつであり、明治神宮競技大会を主管した理由として理解される。

ではは明治神宮競技大会開催の目的は、いかなるものであったのだろうか。第一回の明治神宮競技大会報告書をみると、以下のように記されている。

明治神宮外苑に築造中の大運動競技場は大正十三年十月を以つて、其の工事竣成の筈なりしを以て、全国の選手を東京に集め、神前に於て光栄ある全国的一大競技を行ふは啻に明治大帝の御聖徳を憬仰する所以なるのみならず、国民の身体鍛錬並精神の作興上其の効果尠少なからずと信じたるを以て、此の年を初めとし、毎年同神宮例祭を機とし、明治神宮競技大会開催の案を樹て、関係方面と打合協議を重ね、遂に同年八月之が根本計画確立し、経費としては保健衛生及奨励諸費中より金一万円支出の件も略決定したるを以て、文部省、陸海軍省、地方長官等に対し、左記の通り配慮方を依頼せり。

（内務省『第一回明治神宮競技大会報告書』内務省衛生局、一九二五年、一頁）

上記のように明治神宮競技大会は、明治神宮例祭とその時期を合わせて開催されることとなり、その目的は「明治大帝の御聖徳を憬仰」し、また「国民の身体鍛錬並精神の作興」にあった。

「明治神宮大会体制」のなかに植民地を組み込んでいこうとする意図は、大会開催当初からみられた。報告書の要項にある選手選出方法には「青年団ハ道府県単位（一府県十名程度）、一般女子ハ大体従来大日本体育協会カ地方予選ヲ行ヒシ区域ニ従ヒ、全国ヲ北海道、東北、関東、北陸、東海、近畿、中国、四国、九州、台湾、朝鮮及関東州（満洲ヲ含ム）ノ十二区ニ別チ予選シ、参加資格ヲ定ムル見込」とあり、大会開催の当初から台湾、朝鮮、関東州などの植民地からも代表選手を招聘し、大会を形成していこうとしていたことがうかがえる。

このような規定により、翌年には朝鮮においても朝鮮神宮競技大会が開催されたのであり、大会の体制が拡大されていったのである。

## 構築される祝祭空間

### ①朝鮮神宮鎮座祭の挙行

一九二五年十月に朝鮮神宮が創建され、その鎮座祭が同年十月十五日に催されることとなった。この鎮座祭は朝鮮全土をあげて祝う盛大なものであった。たとえば京城府は以下のような計画をもって奉祝に備えている。

1神宮の表参道に大奉祝門を建てる
2セブランス病院の前に大アーチを建てる
3南大門《ナムデムン》を電飾する
4御霊代安着の十三日から十八日まで夜には花火を打ち上げる
5各小学校生徒二万五〇〇〇人に旗行列を行わせる
6府から大鏡餅を供物として進呈する
7京城電気会社に交渉して花電車二〇台を運転させる
8各商店運送会社の貨物自動車に花飾りをつけさせる
9府内新聞社、大会社、大建物には電飾を依頼する

10　平壌《ピョンヤン》航空隊に依頼して府の上空で奉祝飛行を行わせる

11　各地から集まる人々のために旅館主に安価で親切にするよう依頼する

こうした準備のほかにも、鉄道局などでは多くの参拝者を見込んで、臨時列車の増発ならびに参拝者には運賃の値下げを施すなどの措置をとっている。また京城を訪れる人々のための宿泊場所に関しても、府はいろいろと工夫しなければならず、旅館に宿泊しきれない場合は下宿屋にも宿泊させることとし、たとえば小学校や普通学校生徒などの団体については、府内の小学校や普通学校の講堂を臨時に宿泊所として利用、青年団などには寺院を開放することにしていた。

　そして十五日の当日を迎え、鎮座祭が挙行される。この鎮座祭には朝鮮総督の斎藤実をはじめ、李王家からは李堈《イ・ガン》が王の名代として参列し、各国領事、各道知事、軍の将校、また新聞記者や銀行関係者、実業家など約三五〇〇名にも上る人々が出席している。

　鎮座祭は定められた式次第にしたがって約二時間にわたり厳かに執り行われ、「かくて李堈公殿下、総督、宮司、参列員の順序に退下したが、既にこれを以て朝鮮の守護神は永遠に南山の中腹浄域に鎮座遊ばされた」（『京城日報』一九二五年十月十六日）とされている。

　一方、鎮座祭当日の府の様子は以下のように報道されているように、この鎮座祭が盛大に行われ、また多くの人々が動員されたことをうかがわせる。

京城府は駅に大奉迎門を建設し、各町々亦奉迎門を作り、各戸に国旗、献灯、締飾を施し奉祝の至誠は全市に漲り、奉迎の慶は街街に満ちたが、殊に十五日祭典当日大学予科学生以下各種学校生徒の参拝あり、二万五千余の初等学校生徒は手に々々小旗を翳して参拝し、夜は府主催の提灯行列があり、馬野府尹之を統率し、五百の職員を先頭に青年団及町洞等の参加者之につづき、約二千五百の大民衆が蜿蜒火龍のうねりを作り、左の奉祝歌を高唱しつつ参拝し拝殿前に万歳を三唱したのである（朝鮮総督府「朝鮮神宮鎮座祭の状況」『朝鮮』一九二五年十一月号　高麗書林復刻版、一九八七年、一二三頁）

ところでこの鎮座祭に際して、朝鮮総督の斎藤はこの神宮の意義を、以下のように述べていた。

惟ふに我国敬神の大義は国民道徳の大本であつて、神社の崇敬は報本反始の精神の表現である。抑神社には行政上それぞれ社格の区別は存するも、皆斉しく其の祭神の神徳を景慕し、衆庶が各其の追遠報始の至情を発露すべき、斎場に供する国家の施設に外ならぬのである。故に国民として神社を崇敬し以て国家の奉祀する我国の祖先及功臣に対し、至誠の念を以て礼を致すことは固より当然のことと言はねばならぬ。（中略）茲に聊か所懐を陳べ、将来半島に於ける民族が、相率ゐて神宮に対する崇敬の念を厚うし、以て其の帰向を一にせんことを切望してやまぬのである。（『京城日報』一九二五年十月十五日）

このように総督みずからが鎮座祭を機に神宮を崇拝することの意義を強調するコメントが公表され、神宮を通した内鮮融和の可能性が示唆されたのである。

### ②京城運動場開場式

一九二五年十月十五日は朝鮮神宮の鎮座祭の儀式が午前に行われ、続いて午後から京城運動場の開場式が行われている（写真4）。開場式の様子は以下のように語られる。

この記念すべき大運動場の開場式は朝鮮神宮御鎮座祭の佳日を以て陸上競技場に於て盛大に挙行された。定刻に先立ち小学校、普通学校、高等女学校等の児童生徒、青年団員、朝鮮神宮競技出場選手入場し、観衆は約二万と称せられた。来賓には斎藤総督を始め、李完用《イ・ワニョン》侯、大塚鎮海要港司令官、生田内務局長、各道知事、其他官民有志五百余名の参列あり、午後三時二十分竣工式を終り、引つづき開場式を挙げ、府尹の式辞、総督以下の祝辞があつて後斎藤総督の発声で聖上皇后両陛下竝東宮同妃両殿下の万歳を高唱し同三時四十分めでたく開場式を終つた。

（『朝鮮』一九二五年十一月号、高麗書林復刻版、一九八七年、一四六頁）

朝鮮民族から売国奴として憎悪の対象とされている李完用が、来賓として出席していることは印象的である。李完用は一九二六年二月、すなわちこの四ヶ月後に逝去していることから、この開場式への参席は公の場に姿を現した最後の機会であったかもしれない。開場式の前には修祓《しゅうふつ》の儀式が執り行われ、上記のような開会の辞、式辞、工事報告、その他来賓の祝辞なども行われている。

この後に斎藤総督によるテープ切りが行われ、開場式に続き、朝鮮神宮競技大会の開会式を兼ねて京城運動場の入場式が挙行された。このとき競技場において京城府立公立小学校、普通学校合わせて二九校、一万人に近い児童たちによる八種の連合体操が行われている。

入場式ではおよそ一二〇〇名の朝鮮神宮競技大会出場者が入場し、生田朝鮮体育協会会長の挨拶、斎藤総督の祝辞、選手代表の宣誓が行われた。このとき斎藤は「朝鮮神宮新たに成り本日鎮座祭を行はるる佳節に際し、鮮内各地より運動選手を招き、神前に之が競技を為さむとするは極めて会心に堪えざるなり。我国に於ては神前に技を競ふこと広く行はれ以て士気の発揚を図れり、今諸子は茲に鎮座祭に当りて古来の慣例に依り競技の事に従はむとす、諸子は宜しく平素練磨せる所を十分に発揮し競技の真精神を体し、以て其の壮快なる意気を示さむことを望む」（『京城日報』一九二五年十月十六日）と祝辞を述べ、この競技大会が日本の慣例との関わりから、いわゆる神前競技として行われることを祝していたのである。

写真4　京城運動場開場式（『京城日報』1925年10月16日）

次いで第一、第二高等女学校の生徒二〇〇〇名による行進遊戯が行われ、最後にはこのときを機に、京城連合青年団の閲団式も執り行われている。この青年団はそれまで日本人、朝鮮人の各々で構成されていた青年団をひとまとめにしたもので、両民族が団において結束し、内鮮融和が図られることを目的としていた。これは朝鮮人青年団の政治的活動に対する牽制でもあり、こうした鎮座祭、京城運動場の開場式などの記念式典を利用して行われたものであったと理解される。ともあれこの閲団式を終え、この日のすべてのプログラムが終了したのである。

### ③朝鮮神宮競技大会の開催

十五日の開会式を終え、十六日から十八日の三日間にわたって第一回朝鮮神宮競技大会が開催される。大会の開催に際して、十月十一日の『京城日報』では次のように報じられている。

朝鮮に於ける空前絶後の盛儀たる神宮の御鎮座祭が来る十五日執行されるに当つて、東宮殿下御結婚記念として永へに御慶事を寿くべき京城運動場も、最近漸く完成し東洋一と誇る甲子園グラウンドと肩を列べる程の宏大なるものとなり、朝鮮体育協会では神宮の御鎮座祭を奉祝すべく来る十六日より三日間運動場開きを兼ね盛大なる朝鮮神宮競技大会を挙行することになつた。本競技大会は陸上競技、野球、庭球、籠球、排球を併せ、出場選手は広く全鮮より選出し学生は勿論全鮮各地の青年団等普く内鮮一般の男女を網羅せる半島運動界未曽有の大規模のもので優勝旗の外総督、総監を始め多数優勝カツプの寄贈もあり本大会に於ける優秀選手は近く挙行される明治神宮競技大会に朝鮮代表選手として派遣されることになつてゐる。（中略）斯くの如く全鮮を挙げて行はれるこの神宮競技大会に出場する選手総数は二千名の多数に上り半島運動界空前の盛観を呈するであろう。

（『京城日報』一九二五年十月十一日）

これまで述べてきた朝鮮神宮の鎮座祭、京城運動場の開場式、そして朝鮮神宮競技大会の開催という連続する三つの祝賀行事がひとまとまりの祝祭空間を形成していた。

上記のようにこの大会には朝鮮の各地から日本人、朝鮮人を問わず、競技において優秀な成績をおさめた者あるいは優秀な成績をおさめたチームが参加しており、さらにこの大会において優秀な成績をおさめた場合は、日本で開催される明治神宮競技大会に朝鮮代表選手として参加することになっていたのである。

ところでこの朝鮮神宮競技大会は、十六日の野球を皮切りに開始されている。野球の出場は七チームで、参加している各チームのメンバーをみるとほとんどが日本人であるが、その後に行われたバレーボール［排球］やバスケットボール［籠球］のメンバーをみると、朝鮮人選手も数多く参加していることがわかる。そして競技の結果、野球や庭球に関しては日本人で構成されたチームが優勝し、バレーボールやバスケットボールなどは朝鮮人によって構成されているチームが優勝した。

こうして全競技を終え、大会の優勝者には優勝旗やトロフィーの授与がなされているが、「今回の第一回朝鮮神宮競技大会における優勝者は永久に記念される意味におひて明治神宮競技大会のそれにならつて姓名を桐板に記入して朝鮮神宮に奉納せらるる筈である」（『大阪朝日新聞朝鮮朝日』一九二五年十月九日）とあるように、朝鮮神宮に優勝者の名前を記入した桐板が納められることにもなっていた。

また前述したように、この大会での優秀選手は明治神宮競技大会への参加を果たしている。参加する選手は朝鮮体育協会の推薦によるものであったが、陸上競技においては五千メートルの姜燦格《カン・チャンギョク》、ローハードルの網干宗一、棒高跳びの山本麓《ふもと》、また庭球では町田・今田組、女子選手として須々木・古田組、田口・島谷組が明治神宮競技大会へ出場しており、特に庭球の須々木・古田組は明治神宮競技大会において準決勝まで勝ち残るなどの活躍をみせ、大きな評価をうけていた。

## 朝鮮神宮競技大会への参加と展開

### ①参加選手と参加資格

朝鮮神宮競技大会の参加・出場選手は、学生、青年団、一般から日本人と朝鮮人あるいは男女の別を問わず選出されており、優秀な成績をおさめた者は明治神宮競技大会に出場できることになっていた。

第一回大会では競技種目が五つであったが、本大会出場のための地方予選を行っており、競技によっては大会役員会に推薦されたチームが大会へ参加することにもなっていた。『大韓体育会史』では参加できたのは推薦されたものだけで、第一回大会に朝鮮人選手や団体の出場はなかったとしているが、実際には第一回大会に日本人、朝鮮人ともに参加しており、特にバスケットボール、バレーボールでは日本人と同等数の朝鮮人選手が出場している。バスケットボールは六チームが参加しており、KCBBC（Korean Central BasketBall Club）、善隣商業、京畿《キョンギ》道《ド》師範学校、京城女子高普の四チームは朝鮮人選手で構成されたチームであった。バレーボールには八チームが参加しており、京城基督《キリスト》教青年会は日本人と朝鮮人の混成チーム、京城第一高等普通学校、善隣商業、進明《ジンミョン》女子高等普通学校の三チームは朝鮮人選手で構成されたチームであった。また陸上競技、庭球においても朝鮮人選手が参加している。ただ野球に関してのみ朝鮮人選手で構成されたチームはなく、釜山《プサン》中学の選手に一名、朝鮮人らしき選手が参加しているのみであった。

こうした民族間の区別のない参加は大会の定着とともに継続され、いわゆる「内鮮融和」を象徴するスポーツ大会として朝鮮神宮競技大会が位置づけられていった。ただ参加資格に関しては一九四二年に変化がみられる。一九四二年の第一八回大会では、参加資格に「体力章合格者」であることが求められるようになり、一九四三年の第一九回大会においては、以下のように新聞においても参加資格が明確に示された。

参加資格　年齢数へ年十五歳より二十五歳迄の男子にして本大会に参加せんとする者は

体力章検定初級以上の合格者たることを要す、但し右年齢該当者にして未だ検定を受くるに至らざる者にして本大会に参加せんとする者に対しては本年に限り道体育振興会をして之が検定を実施せしむる等便宜なる方法を以て之に代ふること。

（『京城日報』一九四三年九月五日）

このように戦時体制が確立していくなかで、大会への参加者は総督府の基準に見合うものに特定されていったのである。しかし参加資格を満たしていれば、当初のごとく日本人・朝鮮人という民族的な括りとは関係なく参加していることが確認される。

### ②競技種目の増加とその推移

次に競技種目に着目して大会の展開をみてみたい。

図1は朝鮮神宮競技大会において、それぞれの競技種目がいつから採用されたのかを示したものである。一九二五年にはじまった朝鮮神宮競技大会では当初野球、庭球、排球、籠球、陸上競技の五種目であったが、翌年には蹴球［サッカー］が、第三回大会からは卓球とマラソンが採用され、その後も漸次大会で行われる競技種目が増加していく。

一九二〇年代には陸上競技や球技種目が多く採用されており、競技スポーツ系の種目が定着していったことをうかがわせる。一九三〇年代は、一九三三年に大会名称として「朝鮮神宮奉賛体育大会」が使用されはじめたこととも関連して、その前後の一九三二年に相撲が、一九三四年には剣道や柔道などの武道が採用されている。

また一九四一年には、民族スポーツである朝鮮弓道と朝鮮相撲［シルム］が競技種目として採用されている。一九四二年の紙面には見当たらないため、これらの民族スポーツは一九四一年の第一七回大会のみの採用だとみられるが、こうした朝鮮人になじみのある民族スポーツを朝鮮神宮競技大会に取り込んでいるという事実は見過ごせない。さらに図中からは確認できないが、同大会からは大会を夏季、秋季、冬季の三季に分けて開催しており、冬季には氷上競技や雪上競技が行われていた。

### ③マスゲームの導入

一九二七年の第三回大会からは、マスゲームが導入されている。マスゲームが一体何なのかという一般読者からの質問もふまえて、同年の『京城日報』の記事の見出しには「大会をかざるマスゲームの壮観」と題して、マスゲームについて説明がなされている。

一口にいへば、マスゲームは集団競技と訳してい丶と思ふが連合体操も一つのマス

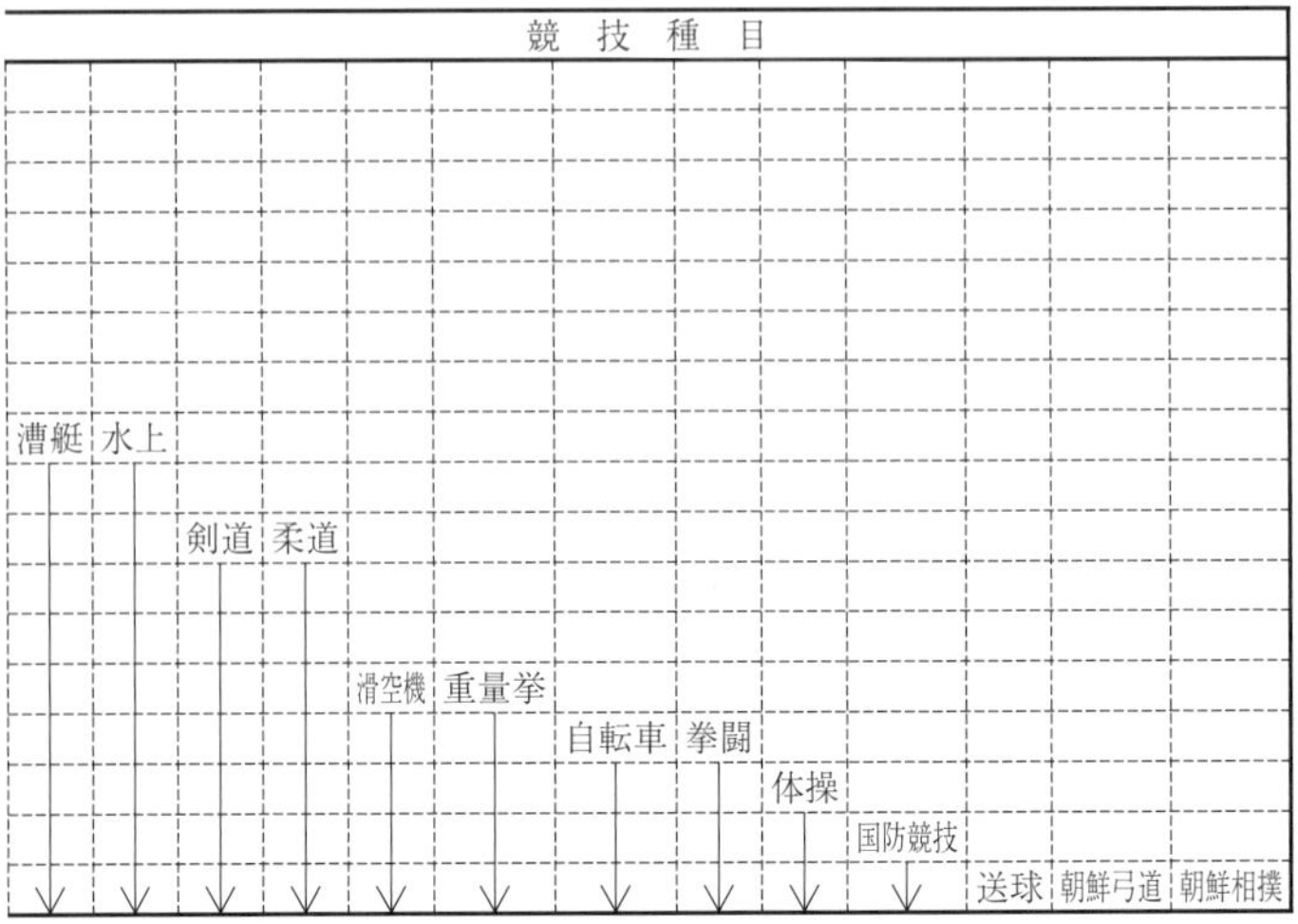


注3：手榴弾投や重量運搬継走は1939年から陸上競技種目として行われているが、翌1940年に採用されている「国防競技」のなかに組み込まれたため、表中には示さなかった。

ゲームである、いはゆる体育ダンスもマスゲームの一つである、今度の大会に加へられたのは京城の男子中等学校八校の白シャツ黒ズボンのユニフオームにかためた三千人の生徒によつて一斉に演ぜられる連合体操と京城の女子中等学校十二校の四千の胡蝶の如き生徒によつて演ぜられる体育ダンス『カドリール』とであるが、一挙手一投足或は離れ、秋の野をいろどる総合芸術の精をみる様に、壮《マ》重《マ》なオーケストラによつて一律に舞ふ壮観とであるが、全世界のリレーカーニバルにおひては勿論、明治神宮競技大会におひてもこ

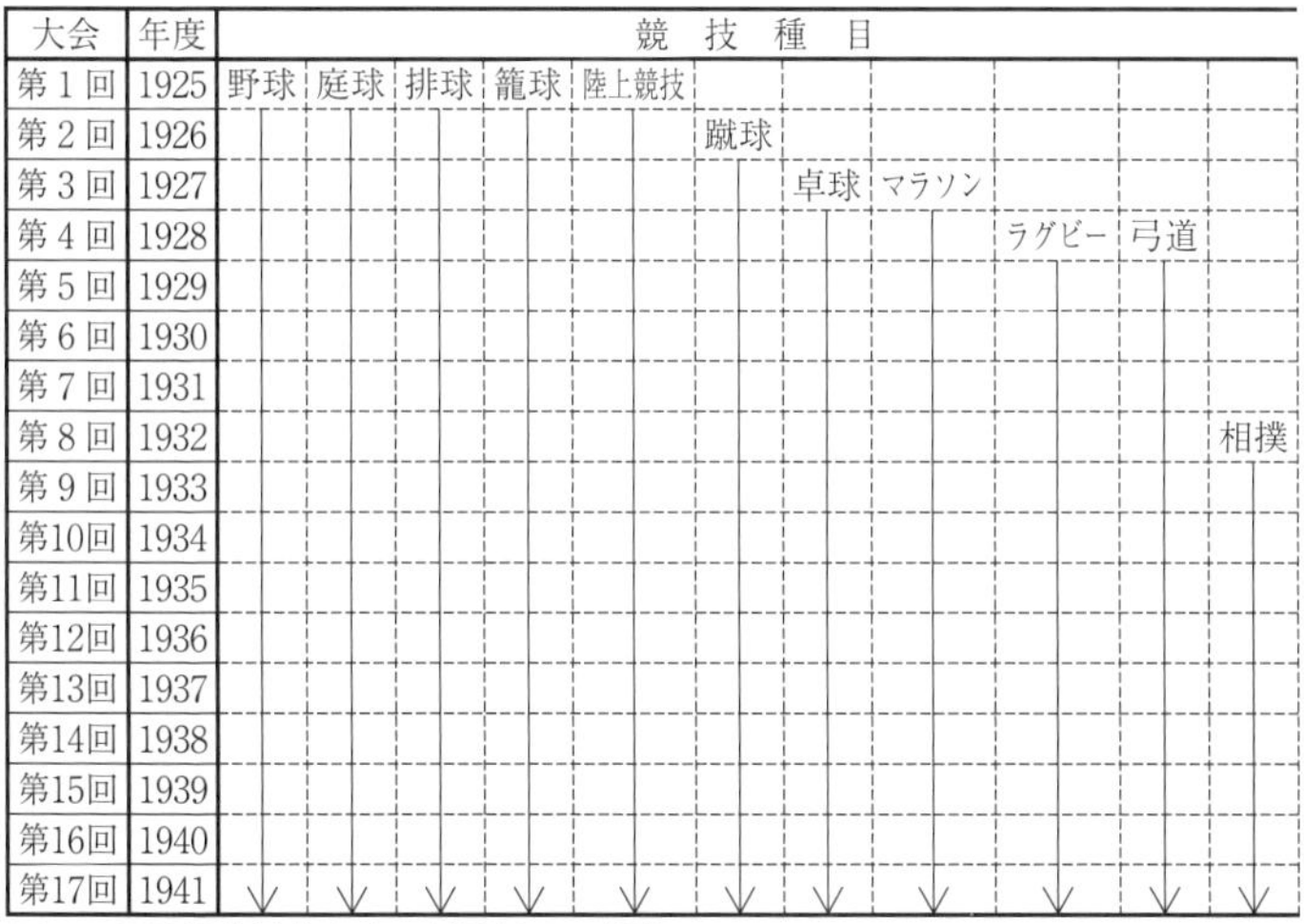

| 大会 | 年度 | 競技種目 | | | | | | | | | | |
|---|---|---|---|---|---|---|---|---|---|---|---|---|
| 第1回 | 1925 | 野球 | 庭球 | 排球 | 籠球 | 陸上競技 | | | | | | |
| 第2回 | 1926 | | | | | | 蹴球 | | | | | |
| 第3回 | 1927 | | | | | | | 卓球 | マラソン | | | |
| 第4回 | 1928 | | | | | | | | | ラグビー | 弓道 | |
| 第5回 | 1929 | | | | | | | | | | | |
| 第6回 | 1930 | | | | | | | | | | | |
| 第7回 | 1931 | | | | | | | | | | | |
| 第8回 | 1932 | | | | | | | | | | | 相撲 |
| 第9回 | 1933 | | | | | | | | | | | |
| 第10回 | 1934 | | | | | | | | | | | |
| 第11回 | 1935 | | | | | | | | | | | |
| 第12回 | 1936 | | | | | | | | | | | |
| 第13回 | 1937 | | | | | | | | | | | |
| 第14回 | 1938 | | | | | | | | | | | |
| 第15回 | 1939 | | | | | | | | | | | |
| 第16回 | 1940 | | | | | | | | | | | |
| 第17回 | 1941 | | | | | | | | | | | |

**図１　朝鮮神宮競技大会の競技種目の推移**

注１：「マラソン」は「陸上競技」よりも遅れて採用されているため別に記載した。
注２：「体操」は徒手体操、体操競技に分けられてそれぞれ行われている。

のマスゲームは、満都の人士に多大の期待と興味をもつて迎へられ、その団体構成の一分子づつがさながら一個の人格となつて動く微妙な美しさにスポーツと現代生活の不可分離を如実にみせられるといふ意味で甚た盛んに行はれてゐるのである、朝鮮最大の競技におひて、—あらゆるスポーツを包含した点におひて、最も重要視されてゐるこの朝鮮神宮競技大会にこのマスゲームが加へられたことは、われら甚たうれしいことに思ふ。

(『京城日報』一九二七年十月十四日)

写真5　マスゲームの様子
（『京城日報』1927年10月14日）

マスゲームは男子の行うものと女子の行うものの二種類が用意されており、その後の大会においても確認される（写真5）。一九二八年の第四回大会でも前回同様、男子・女子それぞれマスゲームを行っており、同年十月十五日の『京城日報』の記事からは府内の女子学生三〇〇〇人のマスゲーム、徒手体操、カドリール（四人が二組で方形をつくって踊るダンス）の行われたことがわかる。

こうしたマスゲームの導入は参加人数の増加などもあり、大会の祝祭性を高める機能を果たすとともに、朝鮮神宮競技大会が各種体操を披露する場にもなっていた。たとえば一九三七年には皇国臣民体操や建国体操が、一九三八年にはラジオ体操が朝鮮神宮競技大会において披露・実演されている。マスゲームからつながるこうした各種体操の演出は、植民地社会で生きる人々に体操の実践をうながす広報的役割を果たしたものと考えられる。

## 大会プログラム（第一〇回大会）の分析

朝鮮神宮競技大会のプログラムが存在したことは確認していたが、資料調査で手に入ったのは一九三四年の第一〇回大会の『歴史深き半島のオリンピアード総合競技プログラム』のみであった。一点ではあるがこの資料を分析し、当時の朝鮮半島のスポーツの特徴をみてみたい。

①役員について

役員職は総裁、顧問、会長、副会長、総務、準備委員に分かれており、総裁に政務総監の今井田清徳が、大会会長は学務局長の渡邊豊日子が務めている。役員の総人数は一〇〇名であり、うち八二％（八二名）が日本人、一八％（一八名）が朝鮮人といった構成である。役員職の編成の差異から比較の対象にはなりにくいが、参考として大会役員を紙面上で確認することができる第四回大会の役員構成をみてみよう。

各競技団体の役員を除くと、役員職としては名誉会長、会長、総務の三つがあげられる。この役員職についた人々は総人数四五名中、日本人九一％（四一名）、朝鮮人九％（四名）となっていた。日本人役員が役員のほとんどを占めている点において代わり映えはないが、第一〇回大会は第四回大会に比べ、朝鮮人役員の占める割合が若干高まっている（九％増）ことが確認される。

両大会の名簿を見比べたときに、共通して朝鮮人役員として選出されている人物に李吉用《イ・キリョン》がいる。彼は東亜日報社のスポーツ記者であり、この後の一九三六年に孫基禎がベルリン五輪のマラソンで優勝した際に、東亜日報社の日章旗抹消事件を主導した人物である。こうした人物が朝鮮神宮競技大会の役員に選出されていることは、この競技大会がまさに朝鮮人も含めた総合的な競技大会として開催されていたことの証左でもある。

②参加人数および日本人選手と朝鮮人選手の割合

次に大会に参加している選手たちに着目してみよう。

図2は全競技選手にみる日本人と朝鮮人の割合を示したものである。第一〇回大会に参加した選手らのうち、一一種目で日本人選手は五三％（一三一一名）、朝鮮選手は四七％（一一四四名）であった。既述の役員の比率に比べ、選手たちに関していえば、日本人・朝鮮人の差がほとんどなくなり、かなり均等に大会へ参加していたといえそうである。

しかし図3のように、競技種目別に日本人・朝鮮人選手数を比較してみると、競技によってはかなり偏りのあるものが見受けられる。たとえば日本人が大きな割合を占めている競技は野球（九一％）、硬式庭球［テニス］（八一％）、ラグビー（九八％）、弓道（九九％）などであり、朝鮮人が大きな割合を占めている競技は軟式庭球［ソフトテニス］（六七％）、ア式蹴球

［サッカー］（一〇〇％）などである。

また日本人と朝鮮人ともにある一定の割合での参加が認められる種目のうち、日本人のほうが参加人数の多い種目は排球［バレーボール］（六三％）、相撲（六四％）であり、朝鮮人のほうが参加人数の多い種目に籠球［バスケットボール］（五四％）、卓球（五九％）、陸上競技

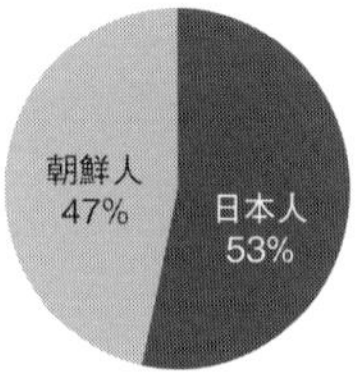


図２　全競技選手にみる日本人と朝鮮人の割合

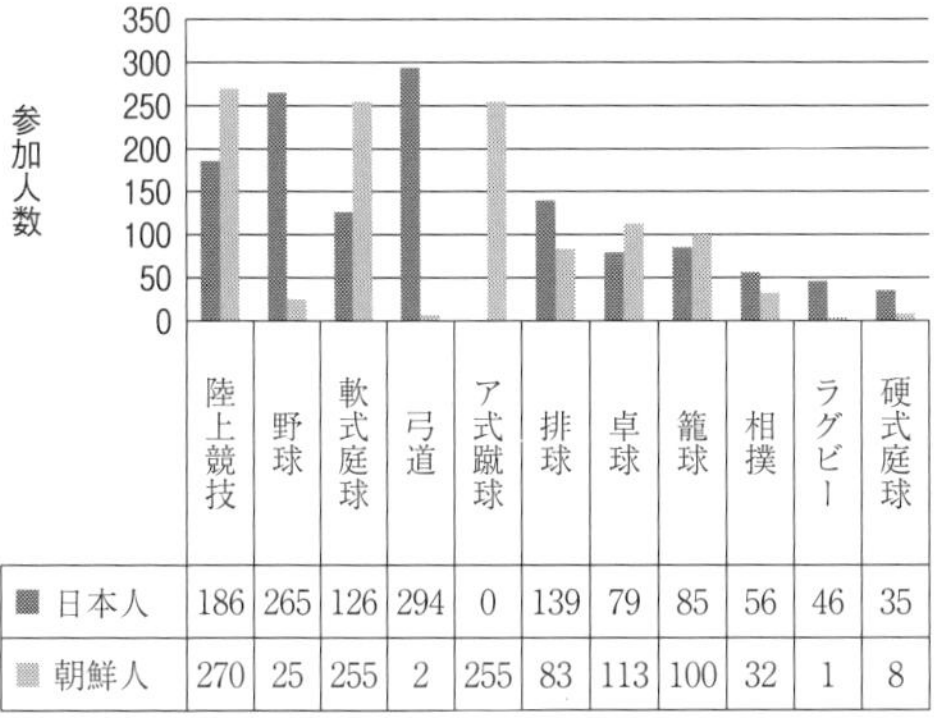


| | 陸上競技 | 野球 | 軟式庭球 | 弓道 | ア式蹴球 | 排球 | 卓球 | 籠球 | 相撲 | ラグビー | 硬式庭球 |
|---|---|---|---|---|---|---|---|---|---|---|---|
| ■ 日本人 | 186 | 265 | 126 | 294 | 0 | 139 | 79 | 85 | 56 | 46 | 35 |
| ■ 朝鮮人 | 270 | 25 | 255 | 2 | 255 | 83 | 113 | 100 | 32 | 1 | 8 |

図３　競技種目別にみる参加人数比較

（五九％）があげられる。ちなみに競技種目を参加人数の多さでみると、陸上競技が最も多く四五六名、ついで軟式庭球の三八一名となっている。

これらの結果を考察すると、興味深い点は日本人・朝鮮人それぞれに定着していると思われる競技がいくつか存在していることである。日本人では野球・弓道がその典型であり、朝鮮人ではア式蹴球がその典型的なものにあげられるだろう。またア式蹴球に加え陸上競技や軟式庭球でも朝鮮人選手の割合が高いことから、実際に当該期の朝鮮半島において朝鮮人の競技人口の多い種目であったことが予想される。

③女子競技にみる日本人選手と朝鮮人選手の割合

次は参加選手のなかでも女子選手に着目してみたい。

図4は全競技女子選手にみる日本人と朝鮮人の割合である。五種目中、日本人選手は六〇％（三一三名）を占め、朝鮮人選手は四〇％（二〇九名）を占めている。全競技選手にみる日本人・朝鮮人の割合に比べて（図2）、若干日本人の比率が上がり、朝鮮人の比率が下がっている。

図5は②と同様、競技種目別に女子参加選手を比較したものであるが、排球、籠球、卓球、陸上競技においては日本人が多く、軟式庭球は朝鮮人が多い種目となっている。特に日本人

は排球の参加選手が多く、高等女学校や女子高等普通学校において排球がさかんに行われていたことによるのではないかと考えられる。

一方、朝鮮人では全体で比較したときと同様、軟式庭球において日本人選手よりも多くの参加が確認される。これは早くから軟式庭球の女子大会が東亜日報社によって開催されていたことや、当該期の朝鮮人の女子に対する身体観が影響し、朝鮮人の女子に軟式庭球という競技種目が定着していたのではないかと推察される。

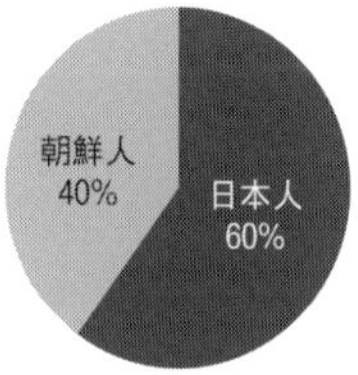

図４　全競技女子選手にみる日本人と朝鮮人の割合

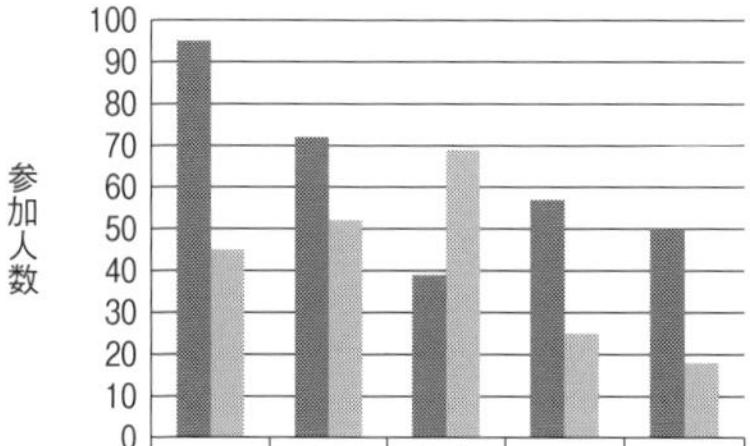

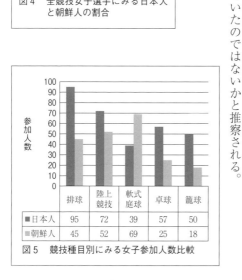

| | 排球 | 陸上競技 | 軟式庭球 | 卓球 | 籠球 |
|---|---|---|---|---|---|
| ■日本人 | 95 | 72 | 39 | 57 | 50 |
| ■朝鮮人 | 45 | 52 | 69 | 25 | 18 |

図５　競技種目別にみる女子参加人数比較

## 朝鮮体育会と朝鮮人の反応

### ①全朝鮮総合競技大会の開催

朝鮮体育会は一九二〇年に発足した朝鮮民族のためのスポーツ組織だが、朝鮮神宮競技大会が開催されていた時期に朝鮮人のスポーツ活動を振興するため、種々のスポーツ大会を開催している。発足から一九三八年の解散にいたるまでの間、一九二〇年の全朝鮮野球大会を皮切りに、一九二一年の全朝鮮蹴球大会と全朝鮮庭球大会、一九二四年の全朝鮮陸上競技大会、一九二五年の全朝鮮氷上競技大会、一九二九年の全朝鮮シルム大会（朝鮮シルム協会と共同主催）、一九三〇年の全朝鮮力技大会（朝鮮日報社と共同主催）と全朝鮮水上競技大会（朝鮮水泳倶楽部と共同主催）、一九三二年の全朝鮮籠球選手権大会、全朝鮮アマチュア拳闘選手権大会、一九三三年のフルマラソン大会を主催し、そして一九三四年には総合大会として全朝鮮総合競技大会を主催している。

上記の朝鮮体育会が主催した大会のなかで一九二五年の第六回全朝鮮野球大会が、第一回朝鮮神宮競技大会の開催期間に合わせて開催されている。このことは朝鮮体育会の民族主義的立場を補完する挿話として扱われ、「競技大会を通した抗日のひとつの標本」であったと日本への抵抗的な立場から説明されているが、その真偽はこの記述だけでは明らかにできない。

確かに全朝鮮野球大会に参加している高等普通学校などが、朝鮮神宮競技大会の野球競技に長く参加していない点や、全朝鮮野球大会の第一回から第五回大会までの開催期日にバラつきがあった点、植民地支配をうけていた史的背景などを勘案すると、日本人が主体で開催する総合的なスポーツ大会に対する懸念や何らかの抗議であったことは推察されるが、真に抗日的な動きであったかどうかは疑義の余地が残る。一九二七年の『朝鮮日報』では、朝鮮人の行う野球を「未だ比較の出来ない程彼等より幼稚な状態である」と評価しており（『朝鮮日報』一九二七年五月二日）、競技レベルの差から別に大会を主催することに意義を見出していたのではないかとも考えられるからである。

ともあれ朝鮮体育会は、その後一九二九年に朝鮮体育会創立一〇周年を記念して、全朝鮮野球大会、全朝鮮庭球大会、全朝鮮陸上競技大会を一括りにして全朝鮮競技大会を開催している。この大会自体はこの年一回限りで終わっているが、一九三四年にその名称を全朝鮮総合競技大会と変更して、一九三八年の朝鮮体育会の解散まで毎年定期的に総合スポーツ競技大会として開催している。

初めての全朝鮮総合競技大会は、一九三四年の十一月二日から五日まで四日間にわたって開催された。蹴球、庭球、野球、陸上、籠球の五種目が京城運動場をはじめ、鉄道運動場、旭川《ウクチョン》運動場、青坡《チョンハ》広場、培材《ペジェ》高普運動場などで行われ、開会式では尹致昊《ユン・チホ》朝鮮体育会会長の開会の辞や選手代表の李永善《イ・ヨンソン》による選手宣誓、さらには宋鎮禹《ソン・ジヌ》（東亜日報社社長）や呂運亨《ヨ・ウニョン》（朝鮮中央日報社社長）らによる祝辞が述べられるなど、民族を代表する知識人らが一堂に会している点は、この大会の重要性を物語っている。

翌一九三五年の第二回大会では、蹴球、庭球、野球、陸上、籠球の五種目に柔道、シルム、力道、剣道が加わり、計九種目の競技が五日間にわたって展開され、続く一九三六年、一九三七年大会ではさらに卓球、拳闘、水上競技の三種目が追加され、開催期間も二ヶ月にもおよぶなど、じょじょにその規模は拡大していった。このようにこの大会は、それまでの朝鮮体育会主催の個別スポーツ大会を統合し、継承していくものとして位置づけられており、大会が廃止されるまで東亜日報社がその後援を引き受けていた。

では朝鮮人にとって、このような総合的なスポーツ大会を開催することの意義はいかなるものであったのか。これは朝鮮体育協会主催の朝鮮神宮競技大会と比較していくうえで重要な視点だろう。一九二九年の全朝鮮競技大会と一九三四年の全朝鮮総合競技大会の開催を契機に、当時のスポーツ状況について述べられた言説があるので、以下にみてみたい。

朝鮮体育会は今十三日をもつて創立十周年を迎へたが同会では同日盛大な記念式を行

ひ且つ三日間三種の総合競技大会を開催する由である。（中略）従来朝鮮の社会では他の諸文化に於けると同じく体育に於ひても常に等閑視し甚しきに至りては、運動選手を技芸師の如く蔑視して来た為に、人民体質に於ひて今日の不発達をみるに至り気象に於ひても不活発、不健全にしてあらゆる秩序ある事業進行に大いなる痼疾となつてゐるのである。体育貢献十年の今日、未だ他の社会のそれには及ぶことは出来ないが、時日尚浅き割合には急速の進歩を示してゐる。

（『東亜日報』一九二九年六月十三日）

我が体育の中枢機関たる朝鮮体育会は、その創立十五周年を記念すべく、盛大な総合競技大会を開催するに至つた。（中略）回顧すれば、十五年前の朝鮮の体育といへば、極めて幼稚であつた。都市の一部教育機関としてのみ体操の余課に陸上及球技の数種を行ふに過ぎずして今日の朝鮮体育会主催の総合競技大会に現れるその体育水準とを比較すれば、誰もが我が体育界の驚異的発達を感嘆せざるを得ないであらう。かく発達せしは、勿論体育会単独の力ではないが、我々は決して体育会の光りある業績を無視し得ないであらう。

（『東亜日報』一九三四年十一月二日）

朝鮮体育会による全朝鮮競技大会と全朝鮮総合競技大会という二つの総合競技大会の開催

は、一九二〇年代から三〇年代における朝鮮人のスポーツ状況の一面をうかがわせる。上記のふたつの史料にみられるように、一九二〇年代のスポーツ状況の進展、さらにそうした状況が三〇年代にも続いていたことがわかる。一九三二年のロス五輪には朝鮮人選手が日本代表として選出されるようになり、スポーツにおける民族の発展という認識と自負に影響を与えているようである。換言すれば体育・スポーツ組織の進展、体育・スポーツ事業の発達、朝鮮人選手らの競技力向上（国際スポーツへの参加）などが総合競技大会の開催という事業に結実し、民族の発展と結びつけられて語られるようになっていると理解されるのである。

②民族紙報道の変化

上記のように朝鮮人のスポーツ状況が、一九二〇年代から三〇年代にかけて進展していくなかで、朝鮮神宮競技大会は朝鮮人にどのようにとらえられていたのか。民族紙を代表する東亜日報に着目して、一九二五年から一九三五年までの動向を確認してみたい。

図6より予選大会の記事・広告記事を含めた朝鮮神宮競技大会に関する記事件数を確認すると、一九二五年の第一回大会は一件確認され、その後若干の増減はあるが一九三一年まではあまり紙面に掲載されていないことがわかる。変化の兆しがみられるのは一九三二年の第八回大会である。一九三二年に七件の関連記事が掲載され、その後は一九三五年の第一一回

大会まで増加の一途をたどっている。このことから民族紙側の朝鮮神宮競技大会への関心の高まりと、それを反映する朝鮮民衆の関心の高まりが確認される。

　記事内容に関してはそのほとんどが競技日程、競技成績などであるが、一九三〇年代に入ってからの記事は、たとえば一九三五年十月二十二日の東亜日報でスポーツ欄の見出しに「マラソンの柳《ユ》君新記録　陸上女子も活躍」と報じられていたり、大会の最終日の概況で「この日陸上には一般部決勝があつたがマラソン朝鮮に新しい記録を公認コースで柳長春《ユ・ジャンチュン》君が打ち立て八百米に金鍾漢《キム・ジョンハン》、投ハンマーに安栄植《アン・ヨンシク》両君が大会及朝鮮新記録を打ち立て女子部には投槍に李秋子《イ・チュジャ》嬢が朝鮮新記録を打ち立てた」と報じられているように、朝鮮人選手の活躍や朝鮮人チームの活躍を見出しで紹介するなど民族主義的な傾向も確認できる。

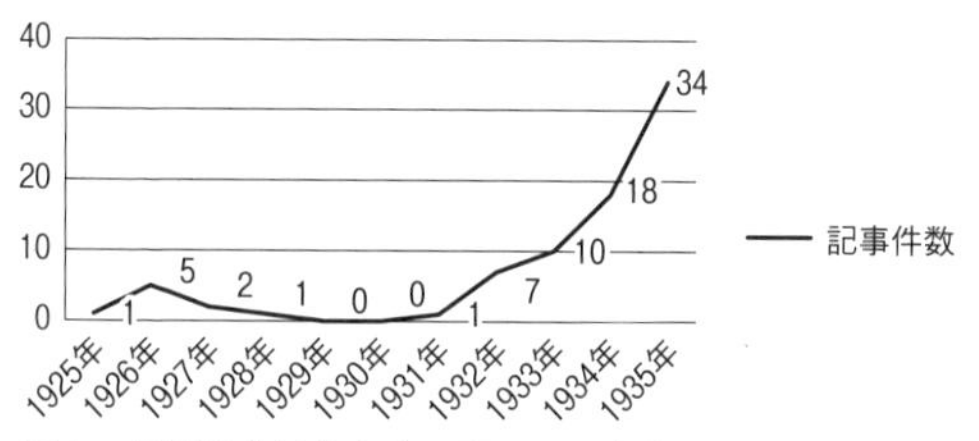


図6　朝鮮神宮競技大会に関わる記事件数の推移
（『東亜日報』）

　こうした東亜日報の朝鮮神宮競技大会に関する当該期の報道の変化は、先の総合競技大会の開催が意味したところと歴史的に符合する。つまり朝鮮人のスポーツ状況の進展は、朝鮮神宮競技大会での朝鮮人選手の活躍もあいまって民族的関心を高め、日本人主催の大会を否定、ボイコットをうながすなどといった抵抗的な傾向を示したのではなく、大会に参加した朝鮮人選手らの活躍に民族的発展を見出していく点に重きをおいていたのである。

## 朝鮮神宮競技大会と「内鮮一体」

一九三六年八月に朝鮮総督に就任した南次郎は、朝鮮統治において二つの目標を定めている。ひとつは「天皇の行幸を仰ぐこと」であり、もうひとつが「徴兵制の施行」であった。これらの目標を達成するためには、朝鮮半島の政治的安定と宗主国への強い求心性が要請される。その実現を目指すところのスローガンが、「内鮮一体」であったと考えてよいだろう。皇民化政策の展開と戦時体制への移行の段階では、この「内鮮一体」を文化面からもどのように図るのかが重要であり、体育・スポーツにおいてもその限りではなかった。

朝鮮神宮競技大会はこれまでみてきた通り、日本人・朝鮮人の「内鮮融和」を標榜するシンボルとなっていたことから、「内鮮一体」を推進していくなかで格好のスポーツ事業であった。そのため朝鮮人たちにとっては、民族的発展を大会の内部においても実現してきていたことが、皮肉にもこの時期の朝鮮神宮競技大会の論理のなかでは裏目に出てしまう。ではこの時期からの朝鮮神宮競技大会が、どのような大会になっていったのかを以下にみてみよう（表1）。

①社会教化と朝鮮神宮競技大会

総督府は、体育・スポーツを社会教化に資する社会事業のひとつとしてとらえていた。昭和十二年度の『朝鮮総督府施政年報』の社会教化のひとつに「体育運動ノ奨励」という項目があり、そこには「体育運動ハ内鮮融和上益スル所亦尠カラザルニ鑑ミ青少年及学生生徒ヲ本位トスル体育大会其ノ他体育奨励機関等ノ事業ニ絶エズ奨励ヲ加エ以テ社会体育ノ振興ニ依リテ青少年ノ心身ノ健全ナル発達ヲ期スル（以下略）」と記載され、それまでの年報には記載されてこなかった朝鮮体育協会の事業について具体的に明記されることになり、そのひとつに「朝鮮神宮奉賛体育運動競技会ヲ開催スルコト」もあげられている。また昭和十三年発行の『朝鮮事情』をみてみると、この時期から朝鮮神宮競技大会の概況が報告されるようになる。

一九三七年七月には日中戦争（支那事変）がはじまり、朝鮮半島の地政学的な重要性がさらに増すこ

表1　朝鮮神宮競技大会参加人数の推移（第13回～第17回）

| 回数 | 年 | 参加人数 |
|---|---|---|
| 第13回 | 1937 | 3,694 |
| 第14回 | 1938 | 4,241 |
| 第15回 | 1939 | 5,439 |
| 第16回 | 1940 | 6,660 |
| 第17回 | 1941 | 20,000以上 |

『朝鮮事情』昭和14年度版～昭和18年度版より作成。
注：第17回大会の2万人以上という参加人数は、連合体操や公開演技を含んだ数とみられる。漸次動員される人数が増えてきたことがわかる。

とになる。翌一九三八年の第一四回大会に臨み、当時総督府学務局長であり朝鮮体育協会会長でもあった塩原時三郎は、朝鮮神宮競技大会について「朝鮮神宮奉賛体育大会は朝鮮のオリンピック大会であります、全鮮の代表者が神宮の大前に敬虔なる気持を以て集ひ錬磨の技と力を華と表示し神の御名を讃へ御代を寿き奉る聖なる大会であります」（『京城日報』一九三八年九月十日）と述べ、朝鮮神宮競技大会の神聖性を顕示している。

さらに大会開催中に掲載された京城日報社説「朝鮮神宮体育大会―銃後国民の統制を示せ―」では、以下のように述べられている。

殊に朝鮮神宮奉賛の趣旨に出でたるものであり、更に戦時下に行はれる大会である以上、普通一般の年次行事とは自ら異る意気込みによつて臨まれてゐることは推察するに難くない。（中略）しかも、この体育大会が文字通り内鮮一体の赤裸々の姿を以て展開されるところに、朝鮮神宮奉賛の意義が深いのであつて、形式的なる半島若人の総動員たるに止まらず、精神的には自戒自粛し、戦線にある皇軍兵士の労を感謝彷彿せしめることを忘れてはならない。

（『京城日報』一九三八年十月十二日）

こうした言説からもわかるように朝鮮神宮競技大会は戦時を強く意識した大会となり、時局に応じた心構えや「内鮮一体」が大会を通して強調され、植民地朝鮮における社会教化の一手段として、その有効性が想定されたのであった。

②戦力増強の象徴へ

第一五回大会以降は、大会にさらなる変化がみられるようになる。まず競技に着目すると、一九三九年開催の第一五回大会では、陸上競技の競技種目に手榴弾距離投や重量運搬継走などが新たに加えられている。さらにこれらの競技は、一九四〇年の第一六回大会からは陸上競技の一個別種目から分離独立し、新たに「国防競技」として行われることになる。また第一六回大会は皇紀二六〇〇年に当たることから、その記念行事のひとつにあげられ、入場式では再び塩原学務局長が「体育の真の目的は日本的精神に透徹せしめ、更にまた国家戦略の増強に資するにある、これ以外の体育は邪道である」と発言するにいたっている。

一九四一年開催の第一七回大会では、「戦時下の体育真義に即する半島最高の気魄と、体力を神宮大前に奉納、国民的神事奉仕の大会意義を極度に昂揚する」ために大会機構が全面的に改革され、大会の規模が拡大することとなった。このとき作成された実施要項は以下の通りである。

一、体育による国民的意義の昂揚、敢闘精神の錬成、団体訓練の強化、体力の増強、国防的各種技能の錬磨の重要性を強調、全半島皇国臣民をしてこの大会を通じて国民体育に対する関心を探からしむる。
一、本大会は朝鮮神宮御祭神に対する神事奉仕たると丶もに半島体育運動最高の行事であるをもつて、これが参加者は人物、体力ともに健全優秀な者を選抜する。
一、体育式典、体育行進は総体的に荘厳々粛に実施、深き国民的感激の顕現を期する。
一、演技を整斉、各道対抗種目を中心として朝鮮の特殊事情を考慮、最高の演技を網羅して競技場は戦場に通ずるの覚悟をもつて、あくまでも敢闘斃而後已むの武士道精神を発揚、規律統制ある行動を以て大会を終始、銃後国民の意気と力の決意の下、訓練の成果を顕示する。
一、神事に奉仕するに相応しく、且つは国民的訓練の範を示すの気概をもつて全役員及参加者は競技場以外でも節度ある行動を執るために、会期中学校、寺院その他適当な施設場所で全員の合宿錬成をなす。
一、国民体育の尊厳性の認識のもとに観衆も規律性ある行動を行ふと丶もに、適宜大日本厚生体操等を実行、真摯明朗な雰囲気の裡に体育の本義に即した国民的訓練を実施する。

（『京城日報』一九四一年七月十五日）

このように大会の儀礼性と規律性を同時に高めるような実施要項へと変化してきており、大会の参加者、観衆ともに「国民」として大会に組み込んでいこうとする意図がくみとれる。同年十月二十一日付の京城日報では「神宮体育大会」という社説において、

　第十七回朝鮮神宮奉賛体育大会は、けふ十月二十一日の参加者神宮参拝の体育行進に始まり、二十六日の閉会式を以て終ることになつてゐるが、今回の大会が朝鮮神宮御祭神に対する神事奉仕であると共に、半島体育運動最高の行事であることは従前と少しも変りはないとしても、臨戦下体育の本議に即する半島最高の気魄と、それによる国的民《ママ》意気の昂揚とに重点を置き、いはゆる敢闘精神の錬成、団体訓練の強化、体力の増強、国防的各種技能の錬磨を目標に、皇国臣民として総力陣営を形造るべきところに、従来と異る一段の飛躍があることを特筆すべきである。（中略）希くば今回の大会をして、参加者と否とを問はず、真に戦場にある勇士の気魄と礼譲とを以て神宮に奉納して恥なき大会たらしめると共に、ますます戦力増強の一翼たらしめることを最大の念慮とせねばならぬ。

（『京城日報』一九四一年十月二十一日）

とあるように、大会の目的はただ単に朝鮮神宮を奉賛するだけではなく、総力戦体制に向け

た戦力の増強に重きがおかれるようになってきていることがわかる。

### ③朝鮮体育振興会の発足

戦時体制への編成が進んでいくと、朝鮮における体育・スポーツを統制する体育団体設立がさけばれるようになる。一九三八年八月、各種スポーツ団体（一九団体）が朝鮮体育協会の傘下におかれるようになると、一九四一年二月二十七日には朝鮮体育協会改組懇談会が開かれ、朝鮮体育協会の改組が決定する。このときの改組にともなう朝鮮体育協会規程の改正案（二三条）の総則（五条）は次の通りである。

第一条　本会は朝鮮体育協会（仮称）と称す。
第二条　本会の本部を朝鮮総督府学務局社会教育課内に置く。
第三条　本会は国防国家体制に即応するやう朝鮮における体育を指導統制し国民体育の健全なる普及発達を図り以て皇国臣民としての心身を錬成し戦力の増強に資するを目的とす。
第四条　本会は外国における体育団体に対し朝鮮を代表す。
第五条　本会は国内の朝鮮以外の地における体育団体に対し朝鮮を代表す、但し特別の事情あるものはこの限りにあらず。

（『京城日報』一九四一年二月二十八日）

このように改組を機に、戦時体制下の体育・スポーツの果たす役割が明確に示されることになったのである。しかしこの改組はスムーズに進むことはなく、懇談会直後に改組案に対する批判がでてきている。たとえば一九四一年三月三、四日の『京城日報』では、「その部制たるや、集散離合を図つた改組だけであり、全体的な真の国民体育の国家機関とは言へない、その組織は多数決制であるのだ、戦ふ国の体育鍛錬面は須く強力な単一国家的機構にすべきである」と報じられたり、また朝鮮体育協会の改組実現は「勿論慎重を期すべきであるが、望むらくは有能の最高人士が寄り合つて早急に建設を図ると、もに個人主義的意識に拘泥せず〝真の体育翼賛〟最高機関たる面目を躍如たらしめるべきだ、そして、従来の人的乃至機構の欠如をこの際思ひ切つて強化し、既成勢力も一掃、全体主義の上に立つべきであらう」と述べられるなど、戦時体制下の影響を反映する議論がなされた。つまり体育団体の一元化を批判するのではなく、戦時体制を整えていくうえでより強力な一元化が望まれるというものであった。

そして半年後の同年八月には各種体育団体の統制に取り組むべく、当該団体の代表者を集めた懇談会が開かれ、十一月下旬には新たな組織として朝鮮体育協会の発足会を挙行することになった。しかし十一月下旬に総督府の機構改革が行われ、新たに厚生局が誕生すると、朝鮮体育協会は学務局社会教育課から厚生局保健課に移管されることになり、当初の発足予定が翌年へと持ち越されることになったのである。

一九四二年、予定されていた朝鮮体育協会の改組は、朝鮮体育振興会の発足によりなくなる。これまで朝鮮体育協会が管轄してきた体育団体ならびに朝鮮体育協会は朝鮮体育振興会に統合されることとなり、ここに朝鮮体育団体の一元化は果たされることになった。この朝鮮体育振興会は「政務総監を総裁に頂き、厚生局長が会長、厚生局保健課長が理事長となり、その下に執行機関として理事を置き、これには、本府の体育指導官を常務理事とするほか、衛生課長、社会課長、労務課長、社会教育課長、警務課長が理事となり、その下に総務部、一般体育部、競技訓練部、国防訓練部の四部を置く」(『朝鮮年鑑』昭和十八年度、五九八頁)といった組織体系を確立していったのである。

以後朝鮮体育振興会は、朝鮮で開催されるすべての体育・スポーツ行事を全面的に管轄することとなる。例外的な体育大会に関しても、同振興会が目的を酌量したうえで、その監督指導をうけることが絶対条件とされたり、あるいは「全日本」や「全鮮」などの名称が付された競技会を禁止したり、国民体育特技登録制を採用し、競技者を一定の規程にもとづいて資格の審査および個人の登録手続を実施するなど、管理体制は徹底化されていったのである。

④朝鮮神宮競技大会の終焉

一九四二年の第一八回朝鮮神宮競技大会は、上記のように発足した朝鮮体育振興会主管により開催されている。この大会について岡保健課長は、「私の考へとしては神宮奉賛体育大会は国家的体育祭であるから、愈よ隆昌にやりたい、元来これは国でやるべきものである、然しこれには相当の経費を要するので盛大にやればやる程経費が必要なことは当然であるが、行く行くは総督府或は厚生局で直接主催したい、そしてもつともつと盛大なものにしてできるだけ多くの国民が参与して奉賛できるやうな仕組にしたい、同時に地方においても極力盛大にして、国民の士気を煽らせたい」（『京城日報』一九四二年一月一日）と多くの人々を大会に参加させ、さらに大規模に大会を行いたいとする意向を述べていた。

この第一八回大会は、まず地区予選（各道奉賛体育大会）を開催し、その勝者による本選が京城運動場を中心に二〇競技、四日間にわたって開催された。競技種目には銃剣道が新たに加えられている。

最後となった翌一九四三年の第一九回大会は、先に岡保健課長が述べていたように総督府が主催することとなり、九月十一、十二日に水泳を、そして十月十七、十八、十九日の三日間は京城運動場を中心にその他の競技が行われている。この大会に先立ち「徴兵制及び海軍特別志願兵制の実施をみた」ことは重要であり、そのためこの大会の目的は「戦力増強」に集約されたのである。

大会の重点は「一、尽忠報国、玉砕奉公の皇道精神を発揚し、仇敵撃滅の旺盛なる気魄を昂揚する　二、大会の運営につひては現下の輸送関係などを考慮し、適当な調整を加へる　三、演錬は決戦下居常実践すものを中心として行ひあくまで規律厳正、真摯敢闘を旨として、大東亜指導国民としての溌剌たる威力を中外に顕揚すること」（『京城日報』一九四三年九月五日）とされ、軍事訓練さながらの競技が展開された。これまで行われてきた球技はすべて競技種目から除外され、戦技訓練として武装行軍、戦場運動、銃剣道、射撃、基礎訓練として体操、剣道、柔道、弓道、相撲、また特技訓練として海洋訓練、滑空訓練、機甲訓練、馬事訓練がそれぞれ行われている。

閉会式では大野会長が、「選士《ママ》諸君に於ては正々堂々平素錬磨の成果を恭しく朝鮮神宮の大前に奉納せられ現下国家が国民に対して最も要請しつつある所の剛健なる基礎体力並に戦技と旺盛なる決戦的精神とを遺憾なく発揮せられました事は誠に欣快の至りに堪えません」と大会の目的が達せられたことに満足げな発言をしていることから、朝鮮神宮競技大会が「戦力増強」に資するものとして行われたことが理解される。

## 支配の象徴として

朝鮮神宮競技大会は植民地朝鮮において最も権威があり、かつ最も大規模に開催されたスポーツ大会であったことはまちがいない。京城運動場を東宮御成婚の記念事業として竣工し、その開場式は朝鮮神宮の鎮座祭が挙行される一九二五年の十月十五日に、時を同じくして行われ、朝鮮神宮競技大会の開会式も開場式直後に行うなど、創設当時にはこれらのイベントを同時に挙行することで、それぞれのイベントは相互にその祝祭性を高める効果を発揮した。こうして朝鮮神宮競技大会は、朝鮮神宮の鎮座、京城運動場の開場を奉祝するという意味をもちつつ、一九二四年に日本で開催された明治神宮競技大会の影響もうけながら開催されたのである。

この大会を俯瞰してわかることは、植民地朝鮮の政治的・社会的状況が宗主国日本の主催するスポーツに投影されているということ、さらに朝鮮神宮競技大会という公共的なスポーツ空間が、一定期間内植民地朝鮮に存在しつづけたという事実である。朝鮮神宮競技大会には日本人・朝鮮人ともに参加していたが、象徴化される選手たちの様子はそれぞれの立場により、内鮮融和あるいは国民統合ととらえられることもあれば、民族主義あるいは民族的な発展ととらえられることもあった。

ただあくまでも宗主国の考えに沿うものであることが求められ、宗主国によって統制される範囲を超えることはありえなかった。そのため総力戦に向けた戦時体制が朝鮮半島において形成されていくなかで、朝鮮神宮競技大会は体制強化のためのプロパガンダとなり、最終的には戦力増強に資する大会へと変化していった。そうなると朝鮮人にとっては、大会のなかに存在していた矛盾点（日本人主催の大会に出場すること）が体制側にとって有利に作用したと考えられ、象徴化される選手たちの姿は朝鮮神宮の奉賛や大会を通した規律の再生産をうながし、朝鮮半島で生きる人々へ強いメッセージを提供したものと思われる。

1　朝鮮統治技術としてのスポーツ　*60*

Ⅱ　皇国臣民体操と武士道精神——同化の思想と身体

## 南次郎の朝鮮総督就任と皇民化政策

一九三六年八月、朝鮮総督に就任した南次郎は「内鮮一体」をスローガンとした植民地政策を展開していった（写真6）。この時期を、その植民地政策の特徴から皇民化政策期という。南次郎は朝鮮統治における目標を「第一は朝鮮に陛下の行幸を仰ぐことで、第二は朝鮮に徴兵制度を施くこと」と定めており、これらを実現させるために国体明徴、鮮満一如、教学刷新、農工併進、庶政刷新といった五つの項目を五大政綱とし、この施政方針にもとづいて朝鮮半島での皇民化政策が推し進められていったのである。

写真6　南次郎（『南次郎伝』）

周知の通り、まず神社参拝が強制的に行われた。これは日本の国家神道を朝鮮の下層に位置する人々にまで広めようとするものであり、そのために一面《いちめん》（村）一神社主義をとり、朝鮮のいたるところに神社が創建されることになった。同時期の神社数をみると、一九一六年の神社数三四から、一九三一年の神宮一、神社五〇、神祠八六、さらには一九四二年末の官幣大社二、国幣大社六、その他の神社五五、神祠八二八と飛躍的に増加していることがわかる。また官幣大社である朝鮮神宮の参拝者数の推移をみても、一九三一年に四〇万三五五〇人だったのが一九三七年には約五倍の二〇二万二二九二人に増加し、その後一九四二年には二六四万八三六五五人にまで達していたのである。

皇民化政策を象徴するものとしては「皇国臣民の誓詞」があげられる。これは一九三七年に学生だけでなく広く一般民衆にも普及させる目的で作成され、あらゆる行事の際に暗誦するよう命じられたもので、児童用と成人用の二種類が用意されていた。

（其ノ一）

一　私共ハ　大日本帝国ノ臣民デアリマス

二　私共ハ　心ヲ合セテ　天皇陛下ニ忠義ヲ尽シマス

三　私共ハ　忍苦鍛錬《たんれん》シテ　立派ナ強イ国民トナリマス

（其ノ二）

一　我等ハ皇国臣民ナリ　忠誠以テ君国ニ報ゼン
二　我等皇国臣民ハ　互ニ信愛協力シ　以テ団結ヲ固クセン
三　我等皇国臣民ハ　忍苦鍛錬力ヲ養ヒ　以テ皇道ヲ宣揚セン
（朝鮮教育会「皇国臣民ノ誓詞」『文教の朝鮮』朝鮮教育会、一九三七年十一月号、四頁）

この誓詞創定の趣旨は「南総督ノ教育体制ノ根本主義タル皇国臣民錬成ノ本旨ニ基キ半島ニ在ル青少年ヲシテ簡潔明暢ナル誓詞ノ反復朗誦ニ依リ我ハ皇国臣民ナリトノ信念ヲ牢固ナラシメ内鮮一体協力団結シテ君国ノ為ニ赤誠ヲ捧ゲ日常ノ本務ニ従ヒテハ各其ノ分ニ応ジ克ク勤労鍛錬シテ実力ヲ養ヒ以テ世界ニ雄飛スベキ基礎ヲ確立セシメントスルニ在リ」（朝鮮教育会「皇国臣民ノ誓詞」『文教の朝鮮』朝鮮教育会、一九三七年十一月号、五頁）とされ、朝鮮の人々がこの誓詞を反復して口ずさむことにより、当局は皇国臣民の精神と内鮮一体の精神を朝鮮の人々に刷り込もうとした。近年でも植民地期に生きた朝鮮の人たちは、この誓詞を口ずさむことができていた。

これらの政策は学校教育、とりわけ日本語教育のなかにも展開され、言語による植民地支配といった側面も色濃くなっていた。一九三八年に改正された朝鮮教育令をみると、朝鮮語は正科の科目から随意科目となり、その地位がおとしめられる一方で、日本語については

「国語ヲ習得セシメ其ノ使用ヲ正確ニシ応用ヲ自在ナラシメテ国語教育ノ徹底ヲ期シ以テ皇国臣民タルノ性格ヲ涵養センコトヲ期スベシ」（佐藤秀夫編『続・現代史資料10　教育　御真影と教育勅語3』みすず書房、一九九六年、三〇頁）とされており、日本語教育がより重視されるようになったこともわかる。

さらに一九三九年には「朝鮮民事令中改正」、一九四〇年には「朝鮮人の氏名に関する」制令がそれぞれ公布され、いわゆる「創氏改名」が遂行されることとなった。これは、朝鮮における「姓」を日本の「氏」へと強制的に変更させるというもので、創氏手続きの届出期間は、一九四〇年二月十一日から同年八月十日までの約六ヶ月間とされていた。しかし五月二十日の時点で創氏を完了したのは、総戸籍数のわずか七・六%という状況であったため、総督府はさらに「親日知識人を徹底的に利用し、法令の若干の手直しを行い、さらに当時ほとんどすべての朝鮮人を組織していた国民精神総動員朝鮮連盟を通して、強制の度を強め、ついに後半の三ヵ月で実に約三〇〇万戸を創氏させ、全体で創氏戸数三二〇万一一六戸、創氏率七九・三%を達成する」（宮田節子・金英達・梁泰昊『創氏改名』明石書店、一九九六年、八〇頁）にいたったという。

こうしたさまざまな政策は、総力戦を想定した動員体制に朝鮮人を組み込むために必要な施策であった。兵的動員のプレテストとしての朝鮮陸軍特別志願兵制もこの時期から採用され、施行されている。

すなわちこの時期の植民地政策は、いずれの場合も人的資源の確保が政策目標とされており、その手段としての同化政策が、次々と展開されるようになったのである。しかし同化政策を遂行するうえで障害となったのが、朝鮮固有の習俗、歴史、文化、言語などであった。こうした障害を切りくずすために、植民地住民に対して日本の精神性を植えつけ、受容されることが期待されるとともに、日本と朝鮮のつながりが強調されることになっていく。

## 皇国臣民体操の実際

では皇民化政策の体育的側面を代表する皇国臣民体操とは、どのような体操だったのか（図7）。まずは以下の資料を参考にしながら、その実際の動きを確認しておきたい。

図7は、一九三七年十月二十一日付の京城日報に掲載された皇国臣民体操実施要領である。この実施要領からもわかるように、皇国臣民体操は剣道の型を体操化したものであり、この体操の一連の動きは一四節で構成されていた。

第一節では中段の構の姿勢を維持しながら基本的な体の移動を行い、次に相手の頭部への面撃の動作を二・三・四節において、五節にて相手の右籠手に向かって籠手撃の動作、六・

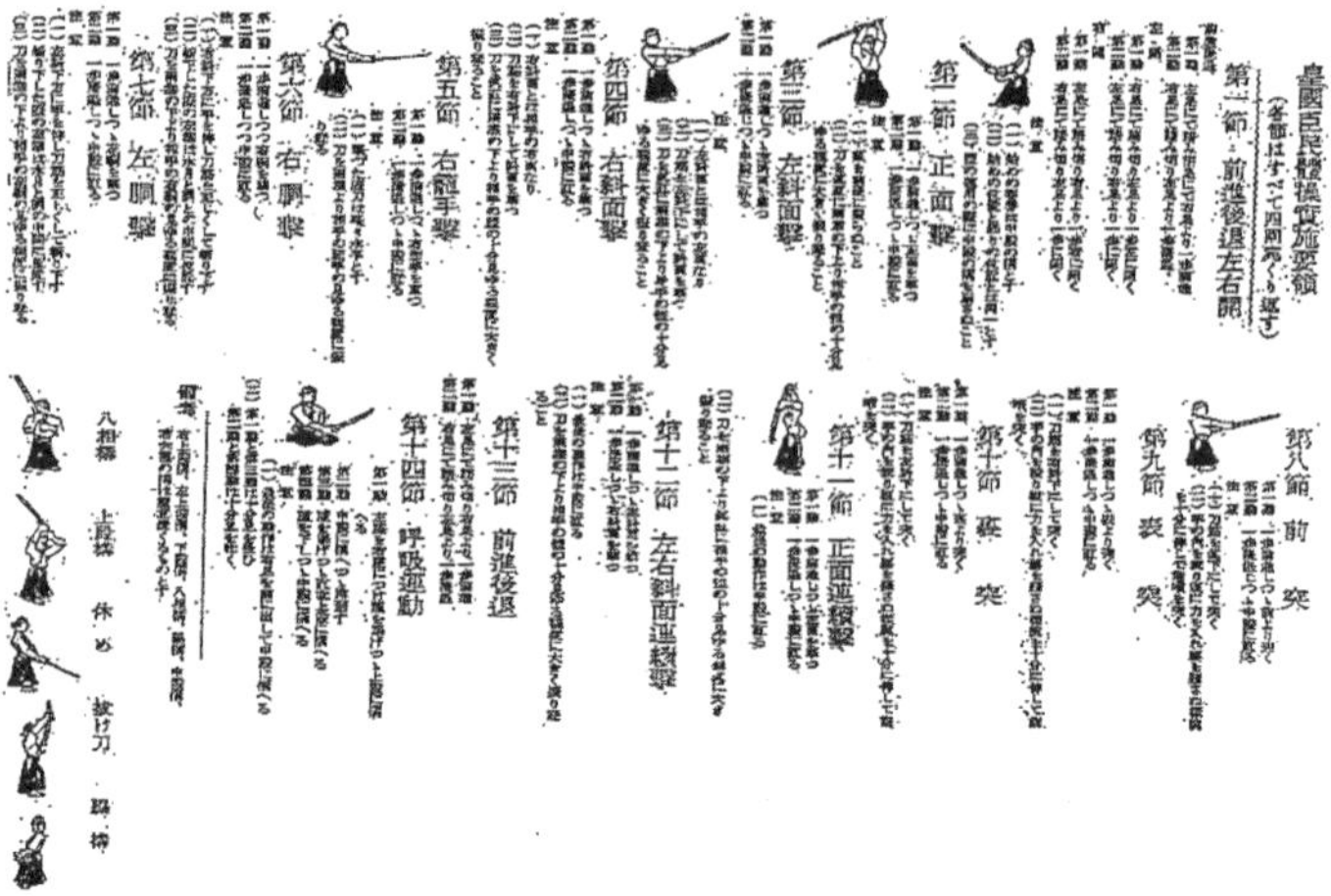


図7　皇国臣民体操実施要領（『京城日報』1937年10月21日）

七節にて胴撃の動作、八・九・十節にて突の動作、十一・十二節は連続撃の動作を取り入れ、十三・十四節においては、整理体操として前後の体の移動と呼吸運動を行い締めくくっている。また実施要領にも示されているように構に関しても五つの構を、体操とともに指導していくこととなっていた。

　また資料にみられるように、この体操は木剣（木刀）をもって行われるもので、その木剣（木刀）は学年に応じて、重さと長さを設定した三種類のものからなっていた。詳細を示すと以下の通りである。

一、中等学校以上

　重サ　百二十匁内外

　長サ　三尺ヨリ三尺三寸五分迄

二、初等学校上学年用
重サ　百匁内外
長サ　二尺九寸ヨリ三尺迄
三、初等学校下学年用
重サ　九十匁内外
長サ　二尺七寸ヨリ二尺九寸迄

皇国臣民体操の普及のために、右のような規格に応じた木剣を支給することが考えられ、原則的に朝鮮体育協会が代価を統制しつつ、配給制で各学校に与えることとしていた。学校によっては実習の際に木剣を創作したり、あるいは素材となる枇杷の木が入手困難であるとのことから、樫の木を用いて製作されることが一般的であったという。

## 名称の由来と武道の体操化

皇国臣民体操は剣道の型を簡素化した体操であり、単に木剣体操とよばれているものだった。そのため京城日報にみられる皇国臣民体操に関する最初の記事は、「皇道精神の鼓吹に木剣体操を課す」(『京城日報』一九三七年九月二十五日)というものである。この時点では、ま

写真７　塩原時三郎
（『時代を作る男 塩原時三郎』）

だ「皇国臣民体操」という名称は使われていなかった。皇国臣民体操の「皇国臣民」という言葉は、南の下で学務局長となる塩原時三郎の造語だといわれており（写真7）、おそらくこの体操の制定時に学務局長心得であった塩原の影響もあって、「皇国臣民体操」という名称が用いられるようになったのではないかと考えられる。また、この時期は日中戦争（支那事変）勃発直後でもあり、朝鮮半島がより重要になってきてもいた。

次に紙面に現れるのは十月八日の制定後の記事であるが、そこには「皇国臣民体操　学務局で制定普及さす」とあり、「国民精神作興運動と共に総督府学務局では体位向上を目指すスポーツをも日本精神を織り込んだものたらしむべく従来の体操に日本武道の型を取り入れて新しい日本式体操を制定しこれを『皇国臣民体操』と名づけて一般に普及せしめることとなり、目下関係方面において慎重考慮中である」（『京城日報』一九三七年十月十日）と簡潔に説明されている。つまりこの九月下旬から十月上旬にかけて「皇国臣民体操」という名称がつけられ、使用されはじめたことはほぼまちがいない。

先に皇国臣民体操は、木剣体操として知られていたものだと述べた。じつはこの皇国臣民体操の制定に先立つこと四〇年ほど前に、日本国内でもこうした武道の体操化が試みられている。明治三十年代から四十年代にかけて考案された武術体操法がそれである。この体操は教育家の小沢卯之助や中島賢三、武術家の隈元実道、橋本新太郎、関重郎治が考案している。

教育家によって武術体操法が考案された理由としては、「学校体操教材に撃剣を採用するためには、頭脳への危険性の排除と教授法の統一という二つの課題が克服されなければならなかった」（中村民雄『剣道事典―技術と文化の歴史』島津書房、一九九二年、一八一頁）ためであった。当時は学校教材においても普通体操が主流であり、また合理性を重視したスウェーデン体操が学校教材として採用されようとしている時期でもあったため、学校教材への採用をうながすには日本の武術・武道に西洋式の体操の原理を組み入れ、安全かつ集団に対していっせい指導できる武術の指導法の確立が目指されたのである。

しかし武術体操法はスウェーデン体操が学校体操教材の中心を占めるようになると、大正の後期にはほとんど実践されなくなったという。ただこうした教育家らの武術体操法の影響をうけて、武術家たちも初心者向けに武術を指導していくための方策を立てることとなり、武術家による武道の体操化もこの時期になされている。

　大正期には低迷してしまう武術体操だが、日本の伝統的な身体技法を合理的価値観により武術体操という西洋式なものへと転化させ、いっせい指導に役立つ可能性を示したことは、後の植民地朝鮮において考案された皇国臣民体操にヒントを与えたものと思われる。また武道家や武術家らに西洋的なものを排除するのではなく、武道をうまく翻訳的に適用できることを認識させた点は注目するに値する。このとき創作された武術体操は、講習会などを開くことによって日本の各地に広まったとされるが、植民地朝鮮において皇国臣民体操が現れてきたことと無関係ではないように思われる。

## 体操の形成過程

　皇国臣民体操は、どのようにしてつくられたのであろうか。以下は皇国臣民体操が導入されるときに交わされた会話の一部である。

「皇国臣民体操とは木剣体操のことか。」「木剣体操を学校体操のなかに取入れるのか。」等は体操科担当教師諸君よりの質問であつた。「木剣体操を学校の中に広く取入れることになつたさうですが結構ですな。」と満悦の意を表しての話は剣道教師諸君より出る話題であつた。（朝鮮総督府学務局社会教育課・朝鮮体育協会「皇国臣民体操の精神と実施上の

注意」『文教の朝鮮』一九三八年三月号、五六頁）

これらのやりとりから皇国臣民体操という武道を体操化したものが、このときにわかに登場してきたのではなく、以前から実践されていた武術体操の存在を、体育や剣道に関係する人々が知っていたことをうかがわせる。

では皇国臣民体操をつくったのは誰なのか、そのことに関して直接述べている史料は管見の限り発見できなかったが、皇国臣民体操の創作に関わったであろう人物は特定できる。『文教の朝鮮』という雑誌の「皇国臣民体操の精神と実施上の注意」という論考のなかで、朝鮮総督府嘱託であった梅沢慶三郎とともに、この体操の動きの解説を行っている京城師範学校教諭の根本通夫である。

根本は大日本武徳会剣道五段錬士でもあり、大日本武徳会朝鮮地方本部に所属していた。また皇国臣民体操の制定される前年には『剣道要義』を著している。その内容は剣道錬士号受験者のための参考書のようなものであったが、武道史論から運動生理、衛生にいたるまで多岐にわたっており、根本の識見の深さをうかがわせるものでもある。

著書のなかには武術体操に関する論考は見当たらないが、彼の知る剣道師範などは先に述べた武術体操を知る人々であり、武術、武道の体操化についての知識を彼が把握していた可能性はきわめて高い。そして学校教材であることを意識してか実際につくられた皇国臣民体操は、明治期の武術体操よりもさらに簡素化され、一四の節で形成された剣道の基本動作を繰り返すものとなっている。

## 体操実践の目的と指導方法

南次郎朝鮮総督が掲げた五大政綱のひとつである教学刷新という施政方針にもとづいて、一九三七年十月八日に皇国臣民体操は制定されている。六日前の十月二日には「皇国臣民の誓詞」が制定されており、皇国臣民体操はこの「動的体認の実践部面」として制定されたという。それでは総督府の皇国臣民体操制定のねらいはいかなるものであったのか、以下に制定の趣旨と目的を確認しておきたい。

（一）趣旨

古来武道ノ型ヲ範トシテ之ヲ体操化シ組織ノ上「皇国臣民体操」ヲ創定シ、一般ニ普及セシムルコトトセリ、右ハ古来日本精神ノ根帯ガ武道ニ依リ培ハレタル武士道ニ在ルヲ信ジ其ノ精神ヲ採リ剣ニ親シム者ト否トヲ問ハス日常武道ノ型ニ親シムコトニ依リ心身ヲ鍛錬シ皇国臣民タルノ信念体得ニ資セシメンガ為ナリ。

（二）目的

教育体制ノ根本方針ハ皇国臣民ノ造成ヲ目的トスルニ在リ各学科ヲ通シ之ニ帰一セシムルニ在ルハ勿論ニシテ先ニ学校体操教授要目ヲ改正相成タル主旨モ亦右ノ目的精神ニ出ツルモノニシテ皇国臣民体操実施ニ当リテハ徒ニ技巧末節ニ捉ハルルコト無ク身体ノ錬成、精神ノ統一ヲ旨トシテ我国伝統ノ武道精神ノ体得ニ依リ皇国臣民タル気魂ノ涵養ニ努ムルト共ニ姿勢ノ端正、身体ノ強健ヲ図リ快活、剛毅、確固不抜ノ精神ト忍苦持久ノ体力トヲ養成センコトヲ期ス。

（朝鮮総督府『朝鮮総督府施政三十年史』名著出版、一九七二年、七九二―七九三頁）

上記のように趣旨・目的ともに武道の技の体得にねらいがあるのではなく、武道の基本動作を通して、皇国臣民としての身体と精神を育成することにねらいのあったことが理解される。そのため皇国臣民体操で重視されたのは、武道における技や動きの体得よりも身体と精神の鍛錬であり、この身体運動を通して皇国臣民としての態度を養成することであった。では教育現場においては、いかに指導しようとしたのか。全州《チョンジュ》師範学校付属普通学校研究部が出版した『皇国臣民体操精義』は皇国臣民体操の指導書であり、指導方法について詳細に記されている。この著書を参考にどのような指導が求められたのかをみてみよう。

まず重視されたのが、木剣の取り扱い方であった。「木剣及びその代用品は常に神聖なるもの、生けるもの」であり、ただの木片と理解させてはならず、体操を実践する運動時間中には「跨ぎ、投げ、転し、突きやる」ような行為は、タブーとして教え込むことが指導上の注意事項とされた。児童らに「刀」の神聖さを徹底的に意識させることで、日本の伝統的な武士道観に親しませることを企図していたのである。さらに基本訓練に入るときにも木剣に対する態度は、一貫して以下のような態度を育成するように記されている。

武士は刀剣を「武士の魂」と称し、最もこれを尊敬し、苟も刀剣に対して、無礼な動作、作法のあつた時は、一刀の下に所断せられても如何ともする事が出来なかつた。今日の軍隊に於ける銃剣に対する態度、武器尊重の観念も全くこれと同様である。今吾人は木剣を取つて「道」を求め悟道徹底の域に至らんとするのである。されば木剣に対しても、武士の真剣に対すると同じく「武士の魂」と考へ、自分の全生命を托するものとして尊重し、ステツキの代用にしたり、バツトの代りに考へたり、無暗に振り回したり、或は跨ひだり、蹴つたりする事のない様に注意して慎重なる態度を以て取り扱はねばならぬ。（全州師範学校付属普通学校研究部『皇国臣民体操精義』日韓書房、一九三八年、一五頁）

指導者には児童ならではの悪ふざけをさせないように、剣を扱ううえでのタブーを理解させ、破らせないようにする指導の徹底が求められ、児童らの態度を育成することが期待されたのである。さらにこうした態度を説明するための根拠は何かと言うと、史料にも散見される武士の魂であり、日本精神の根幹とされる武士道精神であった。

次に皇国臣民体操が強調する精神性を確認しておきたい。

我が国忠君尚武の美風は日本民族固有の性情であつて、後代発達して来た武士道の淵源は亦実に茲に存すといはなくてはならぬ。（中略）かくして武道は日本精神の根幹にして、徒に武士階級一般の精神たるに止まらないのであつて、王政維新後、封建制度の崩壊と共に、武士なる階級は廃せられたりと雖も、その精神には些の消長もなく維新後国民皆兵となりたる後は日本魂なる名称に於て日本精神の根帯となつたのである。

（全州師範学校付属普通学校研究部『皇国臣民体操精義』日韓書房、一九三八年、八―九頁）

忠君尚武の気風やならわしは、そもそも日本民族固有の精神性であると規定している。そして明治期に入って王政復古が成し遂げられ、武士階級はなくなったがその精神はなくならず、国民皆兵の実現とともに、この精神は国民すべての精神、すなわち日本精神になったという、やや整合性を欠いた説明がなされている。ただいずれにせよ武士道精神が日本にはそもそも存在していた、ということが教育的見地からは重要であろう。その精神性はまさに「国を念ひ忠孝の誠を致し死を賭してその生業に励む心」であり、皇国臣民体操を通して植民地朝鮮の学校に通う日本人、朝鮮人児童らの身体に注入されることが希《こいねが》われた精神性であった。

## 皇国臣民体操の普及

こうして制定された皇国臣民体操は、学校教育を中心に普及していくこととなる。制定当初は随意科目として初等学校、中等学校で行われるようになったが、一九三八年の第三次学校体操教授要目の改定により、中等学校や師範学校では柔道・剣道といった武道が正科となり、さらに皇国臣民体操は必修となったのである。同年に開かれた朝鮮総督府時局対策調査会の「体位ノ向上ニ関スル件」においては、朝鮮神宮競技大会などとあわせて、皇国臣民体操も時局にあわせた体育・スポーツ活動のひとつとして取り上げられている。

皇国臣民体操で重視されたのは身体の鍛錬もさることながら、その精神性であった。もしただ単に武士道精神を広めたいのならば、武道そのものを行うことのほうが合理的であるように思われるが、こうした武道を体操化した皇国臣民体操が登場してきたことの意義はいくつか考えられる。

皇国臣民体操は、剣道の型を簡易化したものであったことはすでに述べた。しかも一四節という非常に短くされたものであった。この理由としては、武道をなるべく低学年の児童から親しませることによって、真に皇国臣民を形成していきたいという総督府のねらいがあったのではないかと考えられる。そのため初等学校の児童にも理解できるように、より簡易なものにした。また武道に関わる講話などで皇国臣民体操の意義を児童らに伝えるなど、徳育の観点からもこの体操を想定しており、その効果の有用性を高めようとしていたことがわかる。

これは当時の教育政策の影響からもうかがえる。当時三〇％の就学率を五年で六〇％に、一九五〇年には皆学を目指し、内鮮共学もただちに実施することが教育の計画として掲げられ、計画通りに進むと近い将来には、多くの朝鮮人児童も初等学校に入学できることが見積もられた。一九二〇年代には高等普通学校以上の学校で、同盟休校（学生たちが集団で授業をボイコットすること）などの民族主義的な行動が頻繁にみられ、こうした運動が当局を悩ませていたことなども考慮すると、できるだけ早い時期、つまり児童期から日本への統合をうながす精神を植えつけていきたいとする総督府側の意図が働いていたと考えるのは自然であろう。このような状況のなかで、皇国臣民体操の登場してきた意義は首肯できる。

次に当時の学校教育のなかで、武道教育を行う下地が整っていなかったという点があげられる。すなわち指導者不足ないしは指導者の能力の問題である。朝鮮全土に武士道精神を浸透させていく、またその効果を得るためには、教員の武道、皇国臣民体操に対する理解が第一の条件であった。そのためにまずは教員自身が指導しやすく、理解しやすい必要があった。この点も皇国臣民体操が登場してきたことと関連するのではないかと考えられる。

皇国臣民体操が制定された二年後の一九三九年においても、「本府に於てはかねて皇国臣民体操によりその普及を企図し来つ《ママ》たが、之が真の効果の挙揚は指導者自身の武道精神の修養体得に依らなければ到底満足を期することの不可能なる状態に鑑み、今般教育者の全部に対し勤務の余暇を割いて武道の修練を積ましめ実践を通じて武道精神の把握体得を図らしめる」（朝鮮総督府「学校教員に武道奨励」『朝鮮』一九三九年五月号、一〇二頁）という状態であり、教員の武道への理解の度合いが総督府の想定よりも低調であった。こうしたことから、まずは教員らの武道に対する理解を高めていく必要があったものと考えられる。

## 志願兵と武士道精神

これまでみてきたように、皇国臣民体操は学校教育の現場に正科として採用されていったが、学校教育のなかに皇国臣民体操が根づいたかどうかは、指導者、教育者の問題をふまえると疑問が残る。このことは、実際に植民地朝鮮の学校教育を経験した人への、著者によるインタビューのなかで、「そんな体操、みたことない、武道はやった」と話されていたことからも実感したところであった。しかし学校ではない場所において、まちがいなく皇国臣民体操を行いつづけた施設がひとつ存在する。それが陸軍特別兵志願者訓練所である（写真8）。

一九三八年二月に朝鮮陸軍志願兵令が公布、四月三日より同法令が施行され、それにもとづき陸軍特別兵志願者訓練所が竣工されると七月には朝鮮人青年たちが入所してきている。この訓練所において、朝礼時に行われる実施項目のひとつとして皇国臣民体操は実践されている。当時の『京城日報』にはその様子が紙面に掲載されていて、たとえば「志願兵の正科に皇国臣民体操」という見出しで、以下のような記事が掲載されている。

写真8　陸軍特別兵志願者訓練所での皇国臣民体操
（『京城日報』1938年7月29日）

入所以来五旬の訓練に半島最初の感激と光栄を荷つて身心愈よ錬磨される陸軍特別兵志願者訓練所では正科として皇国臣民体操を取入れることになり二十七日陣之内鹿雄教士を招

ひて日本刀に関する講話を受け、二十八日午前九時全訓練所生二百二名に三宝にのせて森厳な木刀の受与式を行つて後教士の指導で体操の実施指導を受け益々皇国臣民の精髄に触れることになつた。

（『京城日報』一九三八年七月二十九日）

南の掲げた植民地統治における目標のひとつは、「朝鮮に徴兵制度を施く」ことだった。その手始めともいえる陸軍特別兵志願者訓練所で、皇国臣民体操が行われていることは皇国臣民体操の役割を再確認させる。

志願兵制度が導入されてから徴兵制の施行にいたるまで、志願者訓練所の見学会が頻繁に催され、そのなかには李光洙《イ・グァンス》らをはじめとする多くの朝鮮知識人もいた。そのときの見学者らが書き記した訓練所の様子にも、日課時限表にみられる活動が確認される（表2）。

洗面が終わると、前の広場の国旗掲揚の下に、木剣をもつて集まる。当番教官の点呼が始まる。

「第一訓練班総員五十一名事故なし……」

溌剌とした、班総代の報告が終ると、一同東方伊勢皇太神宮及宮城に対し奉り、厳粛な朝の遙拝を捧げる。

表2　陸軍特別兵志願者訓練所における日課時限表

| 時間 | | | 時限 | 課目 | 摘要 |
|---|---|---|---|---|---|
| 午前 | 自　5・30<br>至　6・30 | 60分 | | 起床、掃除、洗面 | 一、朝礼<br>1　伊勢皇大神宮　宮城遙拝<br>2　皇国臣民誓詞斉唱<br>3　「海行かば」合唱<br>4　皇国臣民体操<br>二、訓練<br>1　訓育は肇国の本義と国体の尊厳なる所以を会得せしめ皇国臣民たるの信念を鞏固ならしむ<br>2　普通学科（国語、国史、地理、数学、理科）精神教育に重きを置く<br>3　教練術科は精神的訓練に重きを置く<br>三、夜の講堂訓話<br>1　御製の謹解をなす<br>2　趣味的な精神訓話をなす<br>3　静座<br>四、黙想反省<br>1　一日の訓練所生活を反省せしめ故郷の父母の安穏を祈る<br>2　一日の訓練所生活を感謝し就床せしむ<br>五、会食<br>水、土曜夕食は講堂に於て会食をなし其間食事に関する行儀作法等の指導をなし且つ訓練所生活の楽しみを感ぜしむ<br>六、生活検査<br>土曜は官給品及私物の手入整頓状況其他班内生活の検査を実施す<br>七、診療治療<br>一週火、金の両日嘱託医の診療治療を実施す |
| | 自　6・30<br>至　6・50 | 20分 | | 日朝点呼、朝礼 | |
| | 自　6・50<br>至　7・30 | 40分 | | 朝食 | |
| | 自　7・30<br>至　8・00 | 30分 | | 掃除検査<br>服装検査 | |
| | 自　8・00<br>至　8・50 | 50分 | 第一時限 | 第一授業 | |
| | 自　8・50<br>至　9・00 | 10分 | | 休憩 | |
| | 自　9・00<br>至　9・50 | 50分 | 第二時限 | 第二授業 | |
| | 自　9・50<br>至　10・00 | 10分 | | 休憩 | |
| | 自　10・00<br>至　10・50 | 50分 | 第三時限 | 第三授業 | |
| | 自　10・50<br>至　11・00 | 10分 | | 休憩 | |
| | 自　11・00<br>至　11・50 | 50分 | 第四時限 | 第四授業 | |
| 午後 | 自　11・50<br>至　0・30 | 40分 | | 昼食 | |
| | 自　0・30<br>至　1・00 | 30分 | | 休憩 | |
| | 自　1・00<br>至　1・50 | 50分 | 第五時限 | 第五授業 | |
| | 自　1・50<br>至　2・00 | 10分 | | 休憩 | |
| | 自　2・00<br>至　2・50 | 50分 | 第六時限 | 第六授業 | |
| | 自　2・50<br>至　3・00 | 10分 | | 休憩 | |
| | 自　3・00<br>至　3・50 | 50分 | 第七時限 | 第七授業 | |
| | 自　3・50<br>至　5・30 | 100分 | | 手入、入浴 | |

| | | | | | |
|---|---|---|---|---|---|
| | 自　5・30<br>至　6・30 | 60分 | | 夕食 | 八、理髪<br>第一第三日曜は全員に理髪をなさしむ<br>九、入浴日<br>火、木、土には入浴をなさしむ<br>一〇、日用品販売日<br>火、金、日には日用品を販売す |
| | 自　6・30<br>至　7・30 | 60分 | | 自習 | |
| | 自　7・30<br>至　8・00 | 30分 | | 静座、訓話 | |
| | 自　8・00<br>至　9・00 | 60分 | | 郵便物渡し、点呼 | |
| | 9・30 | | | 消灯 | |

次ひで皇国臣民の誓詞、「海行かば」の合唱が終ると、皇国臣民体操が初《ママ》まる。

（「志願兵訓練所を訪ふ」『東洋之光』一九三九年一月、六二頁）

こうして皇国臣民体操は、朝鮮人志願兵が日常的に実践する皇国臣民の誓詞、「海行かば」とともに、若き朝鮮人志願兵の身体に刻み込まれていった。彼らは訓練所にて六ヶ月間（後に四ヶ月）の訓練を修了した後に、兵士としてそれぞれの部隊に所属し、戦地へ赴くことになる。彼らが武士道精神をもったかどうかは別として、彼らが武士道精神にもとづく「日本軍人の精神」を体現する者として語られたことは事実である。

## 兵的動員に向けて

Ⅱでは皇国臣民体操に着目し、その成立と展開について言及してきた。皇国臣民体操は一見特殊な体操にもみえるし、「皇国臣民」という言葉がついていることから、皇民化政策期の植民地政策を象徴する体操とも目される。また皇国臣民体操は剣道の型を体操化したものであり、制定の目的としては、武士道精神を年少者に対して普及させたい意図のあったことが理解されよう。これは究極的には兵的動員の問題に関わるものと思われるが、単純に皇国臣民体操によって兵士としての朝鮮人が生み出されたということを意味するものではない。帝国日本の兵士となるときに皇国臣民体操を実践し、そこを通過しなければならなかったということである。

南次郎が朝鮮半島に「徴兵制」の導入を強く望んでいたことについては、これまで何度も言及してきたが、それが総督の意志ではあっても、受け皿となる肝心の朝鮮軍が、この時期の朝鮮人を兵士として軍へ所属させることに理解を示していたわけではなかった。一九三八年四月に改訂された第三次の朝鮮教育令と陸軍特別志願兵令が、セットで施行されていることは重要であり、実際に志願兵制度の導入に際して、軍側から教育の改正が要求されているのである。そしてⅡでみてきた皇国臣民体操が、学校教育の現場と陸軍特別兵志願者訓練所において、皇国臣民の誓詞とともに実践された。この政策は総督府からすると、皇民化政策を推し進めるとともに朝鮮軍と朝鮮知識人らに対する牽制であったとも取れる。

その後、朝鮮人志願兵らは戦地で期待通りの働きをみせはじめ、「内鮮一体」を象徴する存在ともなっている。武士道精神を体現した兵士として語られる朝鮮人志願兵の逸話は、愛国美談として朝鮮の青少年や植民地社会の人々の間に流布されていったのである。このように皇国臣民体操をみつめなおしたとき、学校教育のなかで皇国臣民体操の普及がままならなかったにせよ、この体操を実践させていこうとしたこと、あるいは実践させたことは、朝鮮半島における兵的動員とのつながりを想起させることになったものと考えられる。

Ⅲ　総力戦体制下の身体管理――支配の強制力と柔軟性

## 人的資源の確保

田中ビネー知能検査で有名な心理学者田中寛一は、一九四一年に『日本の人的資源』を著している。この著書において田中は、西洋人に比したときの日本民族の優秀性を示そうとしたが、内地の人々を日本人として規定しているため、朝鮮人や満洲人はこの場合の日本民族の範疇にはもちろん入っていない。それはこの著書が優生的思想にもとづくものであることに起因する。ともあれその論じるところの延長上に、国民の「能率増進」が出てくる点を総力戦体制のひとつの特徴として確認しておきたい。

それでは保健や体育において、この「能率増進」はいかに図られるのか。これはすなわち余暇をいかにして費やすのか、いかに善用していくのかという問いへと転化する。田中は、この余暇の善用法の好例としてナチスの歓喜力行団をあげている。余暇の善用は指導なくして成立しえない、ゆえに国家の主導する組織の下で、労働のための余暇の善用が大東亜の建設を図るために必要になる、簡潔に述べればそのような主張になるだろう。人的資源は量だけでなく、質も重視されたのである。

Ⅲではこうした「能率増進」が重視される総力戦体制のなかで、朝鮮半島の人的資源確保のために、どのような身体活動、管理がなされようとしたのかについて考えてみる。

## スポーツに対する認識の転換

朝鮮半島における総力戦体制とスポーツおよび身体活動について理解するために参考となる会合が、一九三九年の三月に開かれている。朝鮮体育協会の会長であった塩原が中心となって開かれた「国防と体育に関する座談会」と、日本から招いた木下東作の講演会「木下博士に物を聴く会」である。この二つの会合の概要と要点をまずは確認してみたい。

### ①「国防と体育に関する座談会」

「国防と体育に関する座談会」の参加構成員を確認してみると、朝鮮体育協会の会長である塩原と常務理事の梅澤が主催者となり、各競技連盟・競技団体の代表者一〇名、軍関係者五名、朝鮮総督府関係者二名、京畿道《キョンギド》行政関係者二名、京城府学務関係者一名の計二二名で構成されており、このうち四名（高元勳《コ・ウォヌン》、徐相天《ソ・サンチョン》、金大羽《キム・デウ》、金秉旭《キム・ビョンウク》）は朝鮮人であったことがわかる（表3）。この四名のなかでも高元勳は朝鮮体育協会とは別組織に所属し、朝鮮人が主導して組織した朝鮮体育会（一九三八年に朝鮮体育協会に吸収されて解散）の会長を務めたこともある人物であった。

　またこうした座談会に、軍の関係者が多数参加していることの意義は大きい。軍関係者らの参加は、この座談会の向かうべき方向があらかじめ決定されていたことを想像させる。す

表3　国防と体育に関する座談会出席者名簿

| | 氏名 | 役職名 |
|---|---|---|
| 主催者 | 塩原時三郎 | 朝鮮体育協会会長 |
| | 梅澤慶三郎 | 朝鮮体育協会常務理事 |
| 出席者 | 伊森明治 | 全朝鮮陸上競技協会会長 |
| | 日野春吉 | 京畿道社会課課長 |
| | 高橋濱吉 | 朝鮮排球協会会長 |
| | 福島英朔 | 朝鮮ラグビー蹴球協会会長 |
| | 高元勲 | 朝鮮蹴球協会ならびに全朝鮮拳闘連盟会長 |
| | 塩崎光藏 | 大日本籠球協会朝鮮支部部長（代理出席） |
| | 徐相天 | 朝鮮重量競技連盟会長 |
| | 山口重政 | 朝鮮軟式庭球連盟会長（代理出席） |
| | 藤井秋夫 | 朝鮮卓球協会会長 |
| | 石川慶一 | 朝鮮水上競技連盟会長（代理出席） |
| | 賀田直治 | 朝鮮航空連盟ならびに朝鮮自転車競技連盟会長 |
| | 金大羽 | 元朝鮮総督府社会教育課課長 |
| | 金秉旭 | 朝鮮総督府社会教育課事務官 |
| | 山下秀義 | 京畿道学務課課長 |
| | 岡野定乙吉 | 京城府学務課課長 |
| | 井原潤次郎 | 陸軍歩兵大佐 |
| | 黒木剛一 | 海軍大佐 |
| | 江坂弘 | 陸軍歩兵大佐 |
| | 海老原正順 | 軍医中佐 |
| | 蒲勲 | 陸軍歩兵少佐 |

なわちこの座談会は、西尾達雄によって分析されているように、「塩原の意志によって、「八紘一宇の理想」によって体育を戦力に直接に結びつけるもの」にしていくために、企図されたと考えて差し支えないだろう（西尾『日本植民地下朝鮮における学校体育政策』）。この座談会における塩原の肩書きは「朝鮮体育協会会長」ではあるが、彼はこのとき朝鮮総督府学務局長、ならびに国民精神総動員朝鮮連盟理事長、さらに陸軍特別兵志願者訓練所所長も同時に兼ねていた。植民地朝鮮において以上のような重要な役職を務めていたことを鑑みると、彼の発言はその所属機関の向かうべき方向性を反映した発言であったものととらえられよう。

座談会の最中、塩原はスポーツ関係者らの議論に業《ごう》を煮《に》やして、次のように発言している。

今日の座談会の目的をなるべく逸脱せしめないために、こういふ風にしたらどうかと思ひます。体育の目的といふやうなものをこういふ風にすることの可否を伺つてみたひと思ひます。それを一寸書ひてみたのですが「体育の目的は最高の戦力を獲得するにあり」それからもう一つは、同じことですが二として「国家が体育を奨励するは戦力を増強せんとするが為なり」こういふ風に言ふことが適当なりや否や……（社会教化資料第二七集「国防と体育に関する座談会」朝鮮総督府学務局社会教育課、一九三九年四月、三四―三五頁）

この塩原の「戦力」という言葉には、黒木、伊森、福島らが違和感を抱き、疑義を呈する。その理由として体育・スポーツは、個人の趣味の範疇に含まれるものでもあり、直截に戦力と結びつけることが妥当なのかどうかという点、とりわけ体育協会という組織の位置づけを考えた場合に、学校のなかの体育においては妥当ではあっても、体育・スポーツ＝戦力を社会一般のスポーツに適用することは、競技連盟・競技団体の代表らには認めにくいものであった。

また日中戦争後のことを考慮した場合に、常に体育・スポーツが「戦力」に結びつけられることにも違和感があった。こうした若干の反対意見は、塩原の強引な発言により打ち消されることとなり、また戦時であることの認識もあいまって、最終的には国家の体育を想定する「戦力」のための体育・スポーツへと収束せざるをえなくなっていった。

この座談会は、あらかじめ塩原の描いたシナリオに出席者がのせられただけの会合に堕してしまった感は否めないが、議論のなかで、日中戦争後の体育・スポーツに関わる話題が出てきているのも確かである。たとえば朝鮮体育協会の改組について、あるいは体育官の設置についてなどが出席者によって言及されており、戦後の朝鮮半島における体育・スポーツ政策の流れを汲む議論であった。

さらにこの座談会において見落としてはならないことは、会の終盤に衛生面の議論がなされていることであろう。すなわち「戦力」のための体育・スポーツは衛生面に留意しなければならないのであり、当該期における人的資源としての「戦力」の獲得のためには、衛生に関わる政策が重要であると理解されていた。このことは、「もう一つ徹底的に必要なものは衛生方面であつて、中でもはつきりしておるのは結核と花柳病、梅毒が食ひ込んだらどんなに鍛え上げてもいいものにはならない」と述べている塩原の発言からも明らかであろう。

このように「国防と体育に関する座談会」は、植民地朝鮮の体育・スポーツの位置づけ、とりわけ学校体育を越えた一般社会におけるスポーツの位置づけや認識を転換させようとするものであった。

### ②「木下博士に物を聴く会」

「木下博士に物を聴く会」も「国防と体育に関する座談会」と同様に、一九三九年の三月に催された。出席者をみてみると、朝鮮体育協会関係者が三名、新聞報道関係者七名、学校関係者四名、京城府・京畿《キョンギド》道・貯蓄銀行・総督府社会教育課・東洋拳闘会から各一名ずつの計一九名が出席していた（表4）。学校関係者と新聞報道関係者の多いことが特徴であり、また出席者の半数に近い九名が朝鮮人であった。

木下東作は日本におけるスポーツ医学の権威であり、国民精神総動員朝鮮連盟に所属する知己の弟の勧めにより来鮮し、この講演を引き受けたという。木下の講演の要諦は「国家体育」についてであった。すなわち国家を増強するために必要な体育とは一体どのようなものであるのか、その点について研究者の立場から講演するというものであった。

木下の提言は大きく二点にまとめられる。ひとつは協会の費用を趣味体育費と一般体育費

表4　木下博士に物を聴く会出席者名簿

| | 氏名 | 所属 |
|---|---|---|
| 講演者 | 木下東作 | |
| 出席者 | 梅澤慶三郎 | 朝鮮体育協会 |
| | 崔樹夏 | 朝鮮新聞社 |
| | 児玉實俊 | 京城府庁 |
| | 植平正男 | 京城医学専門学校 |
| | 松村正彦 | 朝鮮新聞社 |
| | 村岡哲夫 | 京城第二高等女学校 |
| | 本郷鈊太郎 | 京城第一高等女学校 |
| | 森訥郎 | 京城日報社 |
| | 塩崎光藏 | 京城師範学校 |
| | 古津四郎 | 同盟通信社 |
| | 日野春吉 | 京畿道社会課長 |
| | 趙寅相 | 京城日報社 |
| | 金容善 | 東亜日報社 |
| | 高鳳梧 | 朝鮮日報社 |
| | 崔龍振 | 朝鮮貯蓄銀行 |
| | 金正淵 | 朝鮮総督府社会教育課 |
| | 孫光植 | 朝鮮体育協会 |
| | 鄭商熙 | 朝鮮体育協会 |
| | 黄乙秀 | 東洋拳闘会 |

の二つに分けて、体育・スポーツ活動を奨励すべきであるということ、次に内地人と朝鮮人の身体の違いを理解したうえで、それぞれに奨励する体育・スポーツを考えねばならない、というものであった。講演後、この二点目について朝鮮新聞社の崔樹夏《チェ・スハ》が、以下のような質問をしている。

只今のお話では内地人と朝鮮人のスポーツの分野を余りはつきり区別してやられるように承りましたが、そう区別して奨励したら別の弊害が伴うのじやありませんか。（社会教化資料第二七集「木下博士に物を聴く会」朝鮮総督府学務局社会教育課、一九三九年四月、一一三頁）

この「別の弊害」は興味深い。すなわちこの時期はスポーツによる内鮮融和が謳われ、さらに内鮮一体が強調されていくなかで、内地人と朝鮮人という区別が当該期の政策と理念に反するものであると認識されていることがわかる。しかし木下が提言したのは、内地人と朝鮮人を別々に分けて体育・スポーツを行うといっているのではなく、あくまでも衣食住の習慣や栄養状態の違いによって形成されてきた身体に着目し、今ある朝鮮人の身体に見合った運動指導の重要性を訴えていたのであり、むしろ理に適《かな》った提言であった。ただその基準は

「国家体育」にあった。

次に木下は「世の中の一般の体位を向上させようと思へば或る標準が必要」だと述べたうえで、児玉の「体育章というのはどうですか」という質問に対しては次のように述べている。

> 厚生省の標準はちよつときついやうですね。あれでは落第が多いですよ。どうも学校生徒を標準としたものが多く、あれが標準なら学校の生徒だけが日本人だけ《ママ》であつて他の者はそうではないということになる。また内地本土におる者だけがそうだということになる。だから朝鮮なら朝鮮に於て、また一般社会人も通じて統計を取りテストの標準にするのでなければ本当でないと思ふ。（社会教化資料第二七集「木下博士に物を聴く会」朝鮮総督府学務局社会教育課、一九三九年四月、一八頁）

このように木下は、朝鮮人に適った「標準」の設定が必要であることを説いていた。また重要なことは「学校の生徒だけ」に適用されるものではなく、朝鮮において適用できる基準が準備されねばならないとしていたことである。さらに木下は、学校衛生に関してあるいは医学的観点からの身体形成の重要性も指摘しており、その行き着くところに「国家体育」があることを主張していた。

この木下東作の講演会の重要性は、総動員体制のなかで朝鮮人、女性、身体的弱者らの身体にまで照準を広げ、人的資源として動員されうる彼らの身体形成の必要性を示唆したことにあった。当該期に学校体育を享受できるものが限られていたことの再認識は重要であり、新聞報道各社の代表者や学校関係者らに、学校という制度の外に存在する人々の身体にまで視野を広げる提言をなしたものと確認される。

## 国民総力朝鮮連盟にみる組織機構の改編と身体管理

これまで総力戦体制期の体育・スポーツを特徴づける、二つの体育・スポーツ関連の座談会・講演会についてみてきた。以降ではこれらのなかで発言された内容が、植民地社会においてどのように具体化されていったのか、植民地朝鮮における身体管理の問題としてとらえたうえで、いくつかの事例から確認してみたい。まずは国民総力朝鮮連盟の身体管理についてみてみよう。

国民総力朝鮮連盟は、一九三八年に発足した国民精神総動員朝鮮連盟が改組され、一九四〇年十月に国民総力運動を推進していくために発足した組織であった。そのため行政機構である総督府と国民運動組織としての国民総力朝鮮連盟が、当該期の植民地朝鮮において並立し、朝鮮半島住民の体制協力の強化を図ろうとしていた。ここでは、植民地社会に影響を及ぼした国民総力朝鮮連盟の組織機構の改編にともなう身体管理の位置づけの変遷を確認しておきたい。

図8と図9は、国民総力朝鮮連盟の事務局機構の変遷を示したものである。図8は一九四〇年から一九四二年までを、また図9は一九四三年と一九四四年の変遷を表している。身体管理に関わる管轄所管は、年度により若干異なってくる。これはどこまでを身体管理と定義するかにもよるが、ここではスポーツを含む娯楽や衛生にまで関わる広義の概念としてとらえているため、それらを含む範囲に着目して確認しておきたい。

一九四〇年の機構をみると、訓練部の事業が身体管理に関わっていたものと思われる（図8―1）。訓練部部長は塩原時三郎であり、塩原は前述した「国防と体育に関する座談会」において、これからの体育を戦力の獲得に向けて行うものと強く進言した人物である。このときの訓練部では「連盟員ノ訓練」を行うこととされていた。そして一九四〇年の十二月には文化部が新設され、その文化部では「娯楽其ノ他文化ノ振興」がなされることになっている（図8―1）。

一九四一年の十一月には厚生部が新設されたが、これは総督府において新たに厚生局が設置されたことに起因している。そのため厚生部の部長は、厚生局局長でもあった石田千太郎であった。その厚生部は一九四二年にも引き継がれ、厚生課（軍人援護、厚生）と生活課（戦

1940年11月20日

- 事務局総長
  - 総務部
    - 庶務課
      - 機密
      - 役員及職員ノ進退身分
      - 文書ノ接受発送及保存
      - 事業成果ノ監査
      - 国民総力運動ノ基礎トナルベキ調査
      - 局内他課ノ主管ニ属セザル事項
    - 企画課
      - 国民総力運動ノ企画
      - 地方連盟各種連盟及加盟団体ノ指導助長
      - 各部事務連絡
    - 経理課
      - 予算決算並ニ出納
      - 営繕
      - 庸人ノ命免及監督
      - 事務所取締
  - 地方部　連盟組織網ノ整備及地方行政機関トノ連繋調整
  - 殖産部　商工鉱水産業者及関係各種団体ノ国策協力
  - 農林部　農山漁民及関係各種団体ノ国策協力
  - 貯蓄部　国民ノ貯蓄奨励ニ関スル事項及金融機関ノ国策協力
  - 輔導部　保護施設ヘノ協力及遵法精神ノ徹底
  - 思想部　防共防諜其ノ他思想善導施設ヘノ協力
  - **訓練部　連盟員ノ訓練**
  - 宣伝部
    - 宣伝課　報道、講演、映画及展覧会其他各般ノ宣伝ニ関スル企画並実施
    - 編集課　機関誌ノ発行並各種図書印刷物ノ出版
    - 宣伝委員会　宣伝ニ関スル大綱ノ協議機関トシ在京城各言論報道機関ノ代表者タル委員

1940年12月27日

- 防衛思想部　防共防諜、防犯防護、災害防止、衛生等国民防備
- **文化部　学術技芸、新聞、出版物、映画、演劇興業、娯楽其ノ他文化ノ振興**

図8－1　国民総力朝鮮連盟事務局機構の変遷（1940～1942年）

1942年11月4日

- 事務局総長
  - 総務部
    - 総務課
      - 庶務文書人事及会計経理
      - 諸会議
      - 他部課事務ニ属セザル事項
    - 企画課
      - 各部所管事項ノ総合企画及連絡
      - 資料ノ調査並ニ蒐集
    - 連絡課
      - 各級連盟ノ組織網ノ整備並ニ之ガ指導
      - 地方行政機関並ニ各種団体トノ連絡調整
      - 上意下達下情上通
  - 錬成部
    - 思想課
      - 皇道精神ノ昂揚
      - 国民思想ノ統一
      - 防共防諜防犯
      - 遵法精神ノ徹底及保護施設ヘノ協力
    - 錬成課
      - 国民ノ一般的錬成
      - 国語普及
      - 指導者婦人団体等ノ指導錬成
      - 国民防空訓練
    - 青年課　青少年ノ指導錬成
    - 軍事普及課　軍事思想ノ普及
  - 経済部
    - 貯蓄課　貯蓄奨励
    - 振興課
      - 生産拡充
      - 労務
  - **厚生部**
    - **厚生課**
      - **軍人援護**
      - **厚生**
    - **生活課**
      - **戦時生活ノ刷新確立**
      - **生活必需品ノ配給**
      - **物資ノ節約並ニ回収**
  - 宣伝部
    - 宣伝課　宣伝啓発
    - 印刷課　印刷物ノ編輯発行
    - 文化部
      - 皇道文化ノ指導振興
      - 諸文化機構ノ整備強化

図8－2　国民総力朝鮮連盟事務局機構の変遷（1940～1942年）

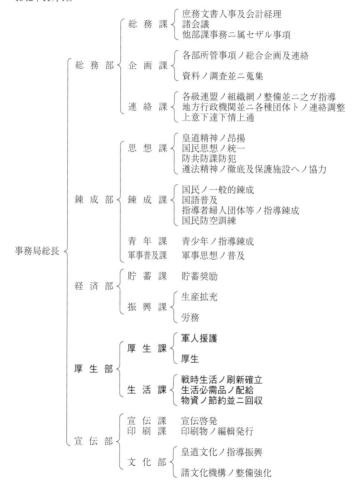

1943年11月15日

- 事務局総長 —— 次長
  - 総務部
    - 庶務課
      - 庶務文書人事及会計経理
      - 他部課事務ニ属セザル事項
    - 総務課
      - 諸会議及諸行事
      - 各部所管事項ノ総合企画及連絡調整
      - 各級連盟ノ組織網ノ整備及指導
      - 行政機構及各種団体トノ連絡調整
      - 上意下達下情上通
      - 資料ノ調査及蒐集
  - 錬成部
    - 国民信仰課
      - 国体ノ本義透徹
      - 国民信仰ノ指導
      - 国民思想ノ統一
    - 錬成課
      - 指導者錬成
      - 其ノ他一般錬成
  - 実践部
    - 仕奉課
      - 仕奉隊
      - 愛国班ノ指導
      - 其ノ他勤労報国運動
    - 戦時生活課
      - 戦時生活ノ確立
      - 貯蓄奨励
      - 厚生
      - 軍人援護
  - 弘報部
    - 弘報課　宣伝啓発
    - 文化課
      - 皇道文化ノ普及
      - 諸文化機構ノ整備強化
      - 出版物ノ編輯発行
  - 徴兵後援事業部
    - 庶務課
      - 部内ノ庶務及会計管理
      - 徴兵後援委員会
    - 普及部
      - 軍事思想ノ普及徹底
      - 朝鮮徴兵事情紹介企画並ニ実施
    - ——（徴兵後援委員会）

図9－1　国民総力朝鮮連盟事務局機構の変遷（1943～1944年）

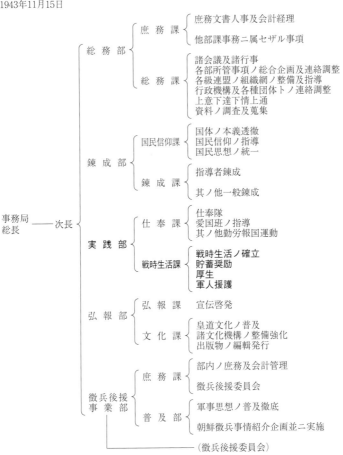

1944年12月1日

- 事務局総長 —— 次長
  - 総務部
    - 庶務課
      - 行事
      - 庶務、文書、人事及会計経理
      - 他部課ノ所管ニ属セザル事項
    - 企画課
      - 会議
      - 各部所管事項ノ総合企画及連絡調整
      - 各級連盟及愛国班ノ指導
      - 行政機関及各種団体トノ連絡調整
      - 上意下達、下情上通
      - 国民運動ニ必要ナル資料ノ蒐集調査研究
    - 弘報課
      - 宣伝啓発
      - 文化思想戦
      - 出版物ノ編輯発行
      - 国語普及
  - **実践部**
    - 錬成課
      - 国民信仰
      - 錬成
    - **戦時生活課**
      - 戦時生活ノ指導
      - 貯蓄奨励
      - **健民運動**
  - 勤労部
    - 仕奉課
      - 仕奉隊ノ指導
      - 勤労管理改善ノ促進
      - 増産運動
    - 勤労課
      - 勤労精神ノ啓培昂揚
      - 勤労動員ノ協力
      - 勤労援護
  - 兵事後援部
    - 普及課
      - 軍事思想ノ普及
    - 事業課
      - 徴兵後援
      - 軍人援護

図9－2　国民総力朝鮮連盟事務局機構の変遷（1943〜1944年）

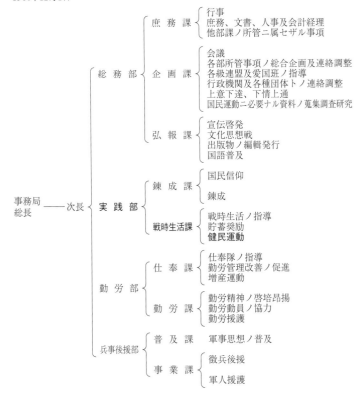

時生活ノ刷新、生活必需品ノ配給、物資ノ節約並ニ回収）がおかれていた（図8―2）。しかし厚生部に関しては、一九四三年の改組に際して部局がなくなり、代わって実践部にその役割が引き継がれている（図9―1）。こうした変化は、総督府の厚生局が一九四二年十一月に廃止されたことによるものと理解されるが、国民総力朝鮮連盟の厚生部は一九四二年十一月の時点では残っており、若干のタイムラグをもって廃止されるにいたっている。

一九四三年は、一九四四年に施行される徴兵制を見越しての改組となっており、植民地住民に対する身体管理をより徹底していくと同時に多様化していた。「昭和十八年度国民総力運動要綱」の皇民の錬成の項には、以下のように記されている。

> 皇民錬成の本旨は、皇国臣民としての心魂を養ひ、敢然国事に参ずる剛健なる心身を錬磨し、億兆一心大和協力して道議生活の実践に邁往せしむるに在る。
>
> 遍く国体本義の透徹を図り、特に青少年の錬成に力を用ひると共に、皇民の母たる婦人の自覚を促して皇国家風の確立に努め、職場の錬成を通じて職域奉公の国風を興し、各階層の指導者を錬成して率先垂範の実を挙げしめ、行を中心とする錬成と、併せて不断に国民に道義実践の生活訓練を徹底せしめんとするものである。

（森田芳夫『朝鮮に於ける国民総力運動史』国民総力朝鮮連盟、一九四五年四月、一二八頁）

この要綱にみられるように、錬成は青少年・婦人らの生活実践における錬成までをも含むようになっていた。たとえば青少年の錬成には、武道、角力《すもう》、水泳、登行、馬術、国防競技やさらに軍事基本技術、海洋国防の訓練、耐寒耐暑の鍛錬なども運動要目として記載されるようになる。さらにこのときの運動要目には、「健民運動」の文字が現れはじめている。

　九項目にのぼる健民運動の内容を確認すると、①健民思想の普及徹底、②武道体育振興、保健衛生思想の普及、③乳幼児及母性保護運動、④無医村への医療班派遣、⑤歩行の奨励、⑥結核予防及撲滅運動、⑦工場鉱山等の厚生施設の指導奨励、⑧体力管理制度の普及、⑨健民運動功労者の表彰となっており、「健民」という言葉から派生して、身体管理がより広範なものになっていたことが理解される。ただ図9－2にみられるように、事務局機構のなかに現れてくるのは一九四四年であり、実践部の戦時生活課の管掌する事業として健民運動が配置されていた。

### 健民運動の展開

　次に上記の国民総力朝鮮連盟の事務局機構の変遷のなかで、一九四三年からみられた健民運動について確認してみたい。

健民運動は日本では一九四二年に人口増殖・健康増進を目的として厚生省が主唱し、大政翼賛会厚生部が推進役となって行われた運動とされる。朝鮮半島においても同様に一九四二年から健民運動がはじまっており、とりわけ五月一日から八日までの間は、大々的に行われることとなった（写真9）。一九四二年四月十一日付の『毎日新報』には、「全鮮健民運動展開　体力錬成、保健励行、病魔撲滅」という見出しで記事が掲載され、健民運動の実施について予告し、また四月二十日には実施要項が掲載されている。ただ実施要項の詳細は、『朝鮮社会事業』に掲載されているもののほうがくわしい。ここでは実施要項に記載されている内容を確認しておきたい。

大東亜共栄圏を建設し其の悠久にして健全なる発展を図るは皇国の使命なり之が目的達成の為には我が国民をして皇国精神を一層鞏固ならしむると共に人的資源を培養育成し其の体力の飛躍的向上を図りて以て東亜共栄圏の確立並に発展を期すること緊要なり仍つて茲に本運動を展開し聖戦目的完遂の一助たらしめんとす。

（朝鮮社会事業協会『朝鮮社会事業』Vol.20　No.4、一九四二年、五一頁）

趣旨のなかに人的資源という言葉が出てきているように、健康な身体を育成していくことが人的資源の確保に直結してくるため、植民地朝鮮住民の身体管理の徹底を図ることが重要案件となったのであり、それが健民運動を実施する目的であった。この運動を主催していたのは、国民総力朝鮮連盟、朝鮮社会事業協会、結核予防会朝鮮地方支部、朝鮮体育振興会であり、またこれらの組織の地方連盟・支部となっている。

健民運動の実施に関しては、①皇民精神の昂揚、②母子保健の徹底、③体力の錬成、④保健生活の励行、⑤結核及性病の予防撲滅といった項目が掲げられ、これらに重点をおきながら、各地方の実情に即した方法によって実施することとされていた。

またそれぞれの具体的な実施事例として、「皇民精神の昂揚」では健康感謝祭や健康祈願祭の励行、また官庁、学校、会社、工場などにおいて運動期間中に皇民精神に関わる訓話や講話を行うことがあげられ、「母子保健の徹底」では母性の保護（母性保護知識および母性保護思想の普及宣伝、勤労女性の健康相談および指導、妊婦に対する奉仕診療、母性の栄養合理化）や乳幼児の保護育

写真9　健民運動のポスター

成（育児知識および愛育思想の普及宣伝、乳幼児の健康相談および育児指導、乳幼児に対する奉仕診療、乳幼児愛護施設の拡充、乳幼児の栄養確保）などがあげられている。

「体力の錬成」は体力錬成に関する科学的知識の普及、ラジオ体操の励行、徒歩、登山の奨励、集団勤労作業の実施、各種体育運動の奨励、武道の奨励があげられていることからもわかるように、社会全般において比較的行いやすい身体運動などが励行されており、教練のような軍事訓練は健民運動には含まれていなかった。

「保健生活の励行」では衛生思想の啓発普及、早寝早起、適量の保健食、衣服の清潔保持、住宅の清掃保持、日光浴の励行など、日常生活全般に関わる保健的生活の実践事例があげられていた。

「結核及性病の予防撲滅」においては、結核の予防撲滅（結核予防知識の涵養、集団検診の実施、結核患者に対する治療上の相談および指導、患者家族に対する結核予防の徹底、採光換気の改善および外気生活の奨励）と性病の予防撲滅（性病撲滅知識の普及、性病患者に対する治療上の相談および指導、血清検査の励行、飲食店雇女の検診励行）などが実施の事例としてあげられており、当該社会において結核と性病に関する知識を広めていこうとしていたことが理解される。

では実際にはどのように健民運動が行われたのか。いくつかの事例を確認しておきたい。

たとえば永登浦《ヨンドゥンポ》では、五月一日を健民精神昂揚日、五月二日を結核予防日、五月三日を体力錬成日、五月四日を性病予防日、五月五日を母性幼児保護日、五月六日を近視虫歯予防日、五月七日を環境衛生改善日として、一日ごとに健民運動で重点的に行う項目を決め、健民運動を遂行することにしていた。また逓信局では、「体力の錬成日」を設定して健民錬成大会を開催することとし、各家庭ではラジオ体操を励行していた。さらに同局では、「保健生活の励行日」も設定して全局員に徒歩運動を励行し、各家庭では早寝早起や適当な保健食、衣服の清潔、住宅の掃除、日光浴などを励行することとしていた。

清州《チョンジュ》では、各町連盟愛国班員、各種連盟員など三千余名が清州神社に参拝して健民感謝祭と健民祈願祭を行い、各学校児童は市街を行進するなど、健民の重要性を一般に認識させる行事を行っている。このように地域や組織によって、その方法はさまざまではあるが、実施要項に沿ったかたちで健民運動が展開されていたことがわかる。

こうした健民運動を展開していく最終的な目的は、一九四四年に朝鮮半島で施行されることになっていた徴兵制にあった。『毎日新報』の一九四二年六月七日付の社説には「健民健兵厚生運動」と題して、以下のような記述がみられる。

来後年から実施される徴兵制度に関した諸般設備は目下本府に設置されている準備委員会で万全の対策を立ててゐるがこれに呼応して厚生局では『陛下の軍人として栄誉の

奉公を尽くしうる国民を訓練養成しなければならないこと』として健民健兵の基礎となる一大厚生運動を起こそうと研究中である。即ち青年たちの体位向上、結核等伝染病の駆逐、子どもとその母親を保護する施設強化、無医村に対する医療施設拡充等を同運動の骨子として国防の重責を分担するに見合う健全な体力を確保向上させることになつた。

（『毎日新報』一九四二年六月七日）

このようにこの年からはじまった健民運動が来たる徴兵制実施への布石となっており、戦力としての人的資源を確保していくときの準備段階に、健民運動が位置していたことが理解される。

健民運動は健民強調週間として、一九四三年も五月一日から一〇日間にわたって実施されているが、一九四四年になると「健民強兵」という言葉が用いられるようになり、さらに強兵健民育成運動などが実践されることにもなる。徴兵制の施行と並行しながら、健民運動開始以来の身体管理がより強行に継続されていったのである。

## 健全娯楽の振興

植民地朝鮮の娯楽に着目した研究は、これまでは皆無にひとしい。しかし農村の娯楽やいわゆる健全娯楽は、総力戦体制期には非常に重要なキーワードであり、一九四〇年代の植民地朝鮮の身体文化をみていくときにも重要な視角となる。なぜこの時期に娯楽の振興を図ったのか、以下で考察してみたい。

娯楽といっても植民地朝鮮において振興の対象となるのは、「健全娯楽」である。一九三〇年代後半には、学務局によって各道の民衆娯楽の調査がなされており、その後に娯楽の指導について、「(1)農村漁村の生活に合う(2)職業と関連する(3)郷土的香気がある(4)体育的である(5)民俗に合う(6)一般民衆が共同的になる(7)実施しやすい(8)経費が少ない」(『朝鮮日報』一九三八年七月十二日)ものが適していると論じられている。娯楽が民衆生活と民衆の感情に深く浸透していることを背景に、強制的ではなく民衆に根ざした娯楽、たとえば朝鮮においてはシルム(韓国相撲)やクネ(ブランコ)(写真10)、ユンノリ(盤上遊戯)、将棋、碁などが朝鮮人の生活とともにある娯楽であり、それらを振興していくことに意義を見出していた。

一方で都市部における遊興娯楽などは、警務局を中心に取り締まりの対象となっていた。一九四〇年七月十九日の『朝鮮日報』には「遊興娯楽の禁圧につひて」という社説が掲載され、料理店・カフェ・バーなどの飲食店と麻雀・ビリヤードなどの娯楽場の時間短縮、映画演劇などの興業時間短縮、妓生《キーセン》の畳間営業禁止の実施は、質素倹約を必要とする戦時体制生

写真10　当時のブランコの様子
（『朝鮮の習俗』）

活確立にはやむをえないとしている。ただそれだけには止まらず、為政者らのガソリンの使用の仕方についても強く意見する文言となっており、忍苦持久のあり方を問うものであった。

このように学務局と警務局との間では、娯楽に対しての対応はまったく逆のものであったが、一九四〇年十二月に国民総力朝鮮連盟に文化部が設置されると（図8—1参照）、娯楽の振興が国民総力運動のひとつとしてとらえられるようになり、「健全娯楽」の振興が図られることとなる。このときの「健全娯楽」について、最も適当な説明がなされているものに、村山智順が『朝鮮』に著した「半島郷土の健全娯楽」があげられよう。そのため以下では、村山の論文に沿って健全娯楽の振興にいたる経緯とその目的について確認しておきたい。

「半島郷土の健全娯楽」は戦時下の娯楽問題について、一九四〇年十月二十二日の首相官邸で開催された経済関係閣僚懇談会の席上にて、閣僚間で以下のような申し合わせがあったとする。

国民に堅忍持久の精神を昂揚させるために単に取締りのみに汲々とせず、健全なる娯楽を積極的に奨励する必要あり、農村娯楽（盆踊など）とか青少年のスポーツとか具体的に奨励することにしたい。以上の趣旨により各閣僚は次回の懇談会までに健全なる国民娯楽につひて研究持ち寄ること。

（村山智順「半島郷土の健全娯楽」『朝鮮』一九四一年一月号、四七頁）

その後十月二十五日に開かれた定例閣議では、陸軍大臣である東条英機から以下のような要望・通達があったとされる。

最近の経済閣僚懇談会に於て取り上げられつゝある士気振作、民心明朗の対策につきては軍としても長期戦時下におひて喫緊の事項と認める次第にして、特に最近末梢方面における些細なる干渉等の結果積極的協力の念を喪失せしめ、却つて民心を沈滞せしむるの傾向なきにしもあらざるを以て、この際国民をして溌剌たる気分をもつてこの時局に邁進せしむることに関し政府におひて適切明快なる施策を講ぜられんことを望む。

（村山智順「半島郷土の健全娯楽」『朝鮮』一九四一年一月号、四八頁）

陸軍大臣のこうした発言は、日中戦争長期化に対する国民の軍への理解と協力をうながす方策の模索が背景にあるのは明らかであり、娯楽に関していえば、都会のそれよりも農山漁村といった地方への配慮を講じようとするものであった。

では朝鮮半島においてはどうなのか。村山は娯楽の意義を説明したうえで、朝鮮半島における農村部の娯楽について、以下のように記述している。少し長いが引用しておきたい。

　例へば農旗を中心に農民が集合し、各自が楽手となり歌手となつて楽団を組織し、農事の出入又は昼休み等に舞楽を奏して和楽し、農事終れば豊年踊りに打ち興じて今迄の労苦を忘れ天地神祇に豊稔を感謝する農薬の如き、或は部落の老若男女悉く力を合せて勝負に打興ずる索戦（綱引）の如き、或は部落の婦女子が一緒に仕事を持寄り和楽の間にその仕事を運び仕事納めの日には飲食を共にして成績祝と慰労会を催す績麻の如き、或は近所合壁、朋友親戚相携へて和楽の行を共にする花見遊び、山登り、川猟遊び、薬水遊び、流頭遊び寺めぐり等の如き、或は鎮守の神を部落に迎へて御旅の宮に勧請し此処に賑ひまつりの舞楽につれて男女老少の分ちなく神人和楽のうたげに興ずる部落祭、或は飛入勝手の脚戯（角力）大会、婦人デーを展開する鞦韆遊び等々いづれも伝統的な古きすがたを有し、またそれだけに強き親愛の情を以て民衆に迎へられるものであるが、その指導だによろしきを得れば容易に郷土的な健全娯楽としての価値を充分に発揮し得るであらう。

半島の郷土に発見せられる娯楽は尚ほ百余種に上り、合唱せらる、民謡の数また決して少くない。従つて若しも之等のものを詳細に検討して親切なる指導を吝しむなければ、映画やラヂオの如き機械電気の設備及び之等に用する経費を要せずしてよく山間僻陬の民衆に残ることなく明朗和楽の気分を充分に頒ち与へることが出来るであらう。

（村山智順「半島郷土の健全娯楽」『朝鮮』一九四一年一月号、五四―五五頁）

このように村山は、朝鮮におけるこれまでの風習にもとづき、農村娯楽振興の意義を見出していた。特に民衆が分かち合う娯楽は、多額の経費を要しないとしているところに着目したい。すなわち総力戦体制下における奢侈品や遊興娯楽は贅沢なものであり、取り締まるべき対象であるとされた娯楽とは、まったく違うものとして想定されていることがわかる。このように総力戦体制下で期待される農村部における共同性の担保が、娯楽によってなされるという指摘は、娯楽の価値を高めることに寄与したものと思われる。

総力戦体制下の健全娯楽についての説明は、この村山のものが最も的確であると思われる。しかし村山だけではなく、この同時期に朝鮮人研究者らによっても、農村における娯楽の振興問題について議論がなされていることは付記せねばならない。

一九四一年四月に発行された『三千里』には、郷土芸術と農村娯楽についていくつもの記事が掲載され、それぞれの論者によって伝統的な芸術や娯楽について言及がなされている。なかでも孫晋泰《ソン・ジンテ》は、伝統娯楽の振興問題について記述しているので、彼の論を参照して朝鮮人研究者の農村娯楽振興に対する考えを確認しておきたい。

孫晋泰は、この『三千里』に「伝統娯楽振興問題」と題した記事を掲載し、伝統娯楽を振興していく理由を三つあげている。ひとつは「伝統を愛重することは彼らの生活を愛重することとなり、彼らの生活を愛重することは彼らの人格を愛重するといふ結果となり、ここから為政者または指導者と農民の間の情誼的融合をみることができる」（孫晋泰「伝統娯楽振興問題」『三千里』第一三巻　第四号、一九四一年、二二二頁）としていて、娯楽の振興を図ることで、政治的機能が発揮される可能性を示唆している。

また二つ目に「郷土娯楽を通して我々は農民たちの生活に潤沢を与へ、明朗を与へ、愉快を与へるようになり、彼らの生活に活気を入れるようになること、またこれは自然と彼らの体健《ママ》運動となる」としており、これは前述の村山の論文でも若干ふれられていたように、農村部で暮らす人々の精神面によい影響を与え、さらに娯楽が健康的な運動となり、身体に好影響を与えるということも述べていた。

最後に三つ目としては、「こうした結果によって彼らをして愛郷心、愛土心を持つやうにして、農民の離村を緩和しうる」としていて、この時期の農民の離村問題の解決を図るための方策として、娯楽が想定されていたことが理解される。このようにいずれの理由にしても、娯楽が農村部に暮らす人々の紐帯となり、かつその娯楽を提供する為政者とのつながりを形成するものであることが強調されていたのである。

一方で孫は実際に娯楽を振興していくうえで、農村の事情を考慮に入れることの重要性について念を押している。娯楽振興に際して農村部の慣習である経済的な共同性、労働の共同性などの基盤となる相互扶助の精神を、「参酌して総力連盟文化部で適宜基本的立案をして、余地の細点は地方の事情を考慮」すべきであるとし、さらに「この計画に反して農民の負担や苦痛とならないやうに慎重に思慮した後に行う」ことを提案していたのである。これはいくら娯楽が農村部の共同体に好影響を与えるとしても、それはあくまでも当該地域における文化であるという認識が前提としてあり、その文化的事情を無視しては娯楽の振興などありえないと分析したうえで述べている。この点は村山に比べ、より深く農村部の事情について思料しており、その識見の深さも感じられる。

ここまでみてきたように、健全娯楽の振興は総力戦体制下、植民地住民らと戦時協力体制を形成していくうえで重視されはじめた国民総力運動のひとつであり、とりわけ地方や農山漁村部を、総力戦体制のなかに組み込んでいくときに推奨された方策であった。ただその振興に際しては、農村部の事情に配慮したうえで行っていく必要のあったことが、当該期の研究者らの間で議論されていたのである。

## 生活に入り込む権力

一九三九年に開かれた「国防と体育に関する座談会」と「木下博士に物を聴く会」は、出席者が朝鮮のスポーツ界を代表する錚々《そうそう》たる顔触れであっただけでなく、そこでの議論がその後の植民地朝鮮における「身体」に関わる問題の方向性を指し示すものであり、実際に銃後における人的資源の確保が明確に謳われるようになると、より多くの植民地住民の身体を動員へと結びつける政策が遂行されていく。ここでの動員は労務動員であり、朝鮮半島全域にわたる人々を総力戦へと駆り出そうとしたのである。それを運動として遂行したのが、総力戦体制下で国民総力運動の急先鋒であった国民総力朝鮮連盟であり、その事務局機構に身体管理に関わる局が配置されるなど、朝鮮人の生活に密着しながら、彼らを強制的な同意の下に組み込んでいこうとする身体管理の制度設計がなされていた。

その方策のひとつとして実際に行われた健民運動は、スポーツや体育といった類いの身体活動を推奨するのではなく、より簡易で、かつ生活習慣に立ち入った身体活動に関わるものであった。そして朝鮮半島における徴兵制の施行が決定し、その時期が差し迫ってくると、健民強兵のスローガンの下でこれらの運動が行われていったのである。

さらに農村部などの地方においては娯楽の見直しが図られる。健全娯楽の振興によって、総力戦下での民衆同士の共同性を担保しようとしていたことが確認され、ただ強制的に娯楽を行わせるのではなく、農村部の特性に合わせて振興していくことの重要性が議論されていた。

このようにみてくると、総力戦を背景に同じ目的の方向へと朝鮮人を収束させていこうとした権力者側の苦悩がよくわかる。換言すれば、ここまで朝鮮人の生活に介入していかなければ、戦時動員に組み込むことは困難だったということである。つまり、総力戦体制期の朝鮮におけるスポーツには総力戦を遂行する目的に準じた身体のあり方が模索され、単純な強制だけではなく、植民地住民の生活に根ざす部分から身体に介入しようとしていたのだと考えられる。

# 2

# 朝鮮民族のナショナリズムとスポーツ

## ——植民地朝鮮の視点

# Ⅳ　民族的コンプレックスと朝鮮民族の身体——近代性とナショナリズム

## 知識人と劣等感

日本による朝鮮の植民地化は、朝鮮知識人らに劣等感（コンプレックス）を抱かせることになった。彼らの抱く劣等感は、みずからの民族の「身体」をどのように規定し、またそれをどのように乗り越えていこうとしたのか。Ⅳにおいては植民地朝鮮におけるスポーツに着目しながら、植民地期の朝鮮知識人らが抱いた被支配者の劣等感を払拭していこうとした軌跡を、いくつかの言説と事例にもとづき考察していきたい。またスポーツでの朝鮮人の活躍を支配者側はどのようにみていたのか、このことについても若干ふれてみたい。

Ⅳで扱う時期は、植民地期のなかでも一九二〇～一九三〇年代のいわゆる皇民化政策がはじまる以前の文化政治期に限定している。この時期に限定する理由としては、植民地朝鮮における「近代性」を考えていくときに、最も重要な時期に当たると思われるからである。朝鮮人による言論機関の登場、女性解放運動のはじまり、京城の都市開発の進展など、一九二〇年以降の朝鮮半島はじょじょにではあるが、近代的なるものを朝鮮民族みずからの手で同胞に広げていく下地ができつつあった。ただこのことは植民地近代化論として議論がなされている通り、過大に評価することはできないが、支配者側による朝鮮半島の近代化を図る事業に包含される、あるいは並行するかたちではあったにせよ、朝鮮半島の近代性の萌芽をみた時期であることは確かである。

ではこの時期のスポーツとは、いかなるものであったのか。ここでは考察の前提として、日本のスポーツについて簡単に確認しておきたい。

一九二〇年代の日本におけるスポーツは、それまで活発に行われる場所であった学校という制度的枠組みを越えて、民衆に熱狂的に受け入れられる文化へと変貌を遂げていた。このことについて坂上康博は、一九二〇〜一九三〇年代の日本のスポーツに着目し、民衆がスポーツに熱狂していくなかで、いくつかの複層的な日本の社会状況（天皇制の揺らぎ、社会主義思想の蔓延、恐慌など）とスポーツが、いかにつながっていったのかについて明らかにしている。そしてその熱狂に乗じて、帝国日本による戦略的なスポーツの配置が模索されることとなり、人々の熱狂を作り出すスポーツに、権力主体がどのように関与していったのかについて考察した（坂上『権力装置としてのスポーツ』）。

この一九二〇年代、とりわけ一九二八年にオランダのアムステルダムで行われた第九回オリンピックでは、日本スポーツ史上初めて陸上の織田幹雄が金メダルを獲得し、水泳の鶴田義行も金メダルを、また女性アスリートとして人見絹枝が銀メダルを獲得する活躍をみせていた。こうした国際スポーツにおける日本人選手の活躍は、スポーツへの関心を高めることに大きく寄与したであろうことは想像するにかたくない。またそれと同時に、オリンピックという西洋を中心とする世界各国が与《くみ》する出来事に、朝鮮半島の人々も影響されざるをえなかったであろう。こうした日本のスポーツ、また国際スポーツの状況をふまえながら、以下において植民地朝鮮における近代性と民族の「身体」について考察してみたい。

## 民族の「身体」

植民地支配をうけることにより抱いた朝鮮知識人らの劣等感は、いかなるものであったのか。「身体」に関する言説を通して、その心情を確認してみたい。以下では朝鮮体育会設立時の新聞記事、ならびに金昌世《キム・チャンセ》の「民族的肉体改造運動」を手がかりに考察する。

### ①朝鮮体育会設立の主旨

東亜日報主筆であった張徳秀《ジャン・ドクス》は、一九二〇年七月十六日に「朝鮮体育会に対して」という社説を書いている（写真11）。この社説には、当時の朝鮮知識人らが感じた朝鮮民族の「身体」がみてとれ、その副題は「民族の発展は健壮なる身体から」とされていた。社説には

写真11　張徳秀
（『東亜日報社史巻一』）

「見よ、西洋人の体格と吾人のそれとを、またそのエナジーと吾人のそれとを、その醜さと劣つていることとの過大であることを」（『東亜日報』一九二〇年七月十六日）という記述もみられ、朝鮮民族の「身体」が、いかに西洋に比べて劣っているのかについて記述している。西洋文化の発達は身体の発達と相関しており、朝鮮民族の身体と西洋人の身体との比較から、朝鮮社会の発達をうながすためには、身体の発達向上が必要であることを強く訴えるものとなっていた。

朝鮮体育会設立は、その方策の一環として論じられている。それでは体育会について述べられた部分を以下にみてみよう。

此れを回復して元気を作興し身体を得達するをもつて社会の発展と個人の幸福を企図すれば、その途ただ体育を奨励し天賦の生命を身体に暢達する外に他途が無く、大概体育の奨励と道徳の刷新が合一するところの理由は如何なるものか。体育の本意は自然の法則と原理にしたがひ自然の生命を発揮することにある。故に安逸と虚偽と貧を掃蕩するのにこの元気を作興する所以となる。または道徳を一新する理由である。道徳が高潔であるならば人生が明明となり、知識に対して絶《ママ》に聡明を発揮しうるが、これは実に体育が個人の身体の発達と国家社会の健康に関するのみにあらず、あるいは一般文化増進に対して深甚たる意義が有つた所以である。これは体育会の文化的価値である。在来朝鮮社会に個個の運動団体が無かつたこともない。しかしこれを後援して奨励し、連絡する社会的統一的機関の欠如は現今国際連盟の規約で世界人民の健康増進を規定し、世界的競技大会が年年到処《ママ》で開催される此時に当りて、個個吾人の遺憾のみにあらず、実に朝鮮民族団体の一大羞恥である。

（『東亜日報』一九二〇年七月十六日）

上記にみられる身体観や認識は、朝鮮知識人が朝鮮社会の近代化を志向するなかで、みずからの民族の劣等性を打破していく力を、体育・スポーツにも求めていたことを明らかにしている。

小野容照は上記社説の国際連盟規約部分に着目する（小野『帝国日本と朝鮮野球』）。国際連盟規約の第二五条は、各国の赤十字活動の促進を成文化したものであるが、張徳秀は赤十字社の活動に重きをおくのではなく、それを規定した国際連盟を重視した。すなわち張徳秀は、国際社会が求めている文化発達を朝鮮民族が成し遂げるためには、スポーツ振興団体の設立が必要だったと解釈したのである。

また医師であった金基英《キム・ギヨン》も、同じく一九二〇年の『서울《ソウル》』第三号に「朝鮮人体育に対する管見」という寄稿記事中で、個人の身体の発達と国家・社会の発展とを結びつけて体育の重要性を説いている。そのための提言として「一、中央体育協会を設立する事　二、目的体育の発達増進を計《ママ》り且体育思想の宣伝」をあげ、朝鮮体育会のようなスポーツを統率する団体の必要性を訴えていた。

こうした朝鮮知識人の希求する民族の「身体」は、ただ「身体」の発達だけを求めているのではなく、「身体」の発達向上にともなう民族・国家の文化的価値の高まりにまで、その価値を見出そうとしていたことが重要であろう。ここでは張徳秀によって書かれた社説をみてきたが、こうした認識のあり方は、朝鮮社会の近代化を希求する朝鮮知識人に共通したものであったことが推察される。

②金昌世の「民族的肉体改造運動」

金昌世は、アメリカのジョンズ・ホプキンス大学で細菌学を学び、朝鮮人として初めて同分野の博士号を取得、帰国後はセブランス医学専門学校の教授になった人物である。一九三四年に四十一歳という若さで逝去することになるが、博士号取得後にアメリカから帰国し、一九二六年に創刊した『東光《ドングァン》』という雑誌の創刊号に寄稿した論文が「民族的肉体改造運動」である。その副題は「個人の生活だけではなく民族全体の運命を支配する健康問題」となっている。健康は「人生の根本資本である」と位置づけ、古代の偉人や歴史上の支配民族となった民族の身体の健壮さ、またローマ帝国衰退の理由は、体力の低下にあるとする説などについてふれ、次いで当時の英・米・独・仏の人々の身体は他の民族に比して、強壮であったことなどを紹介している。

では朝鮮民族の身体は、どのように認識されていたのか。以下は「民族的肉体改造運動」の一部分である。

朝鮮に始めて来た西洋人が朝鮮人に対して持つた感想は朝鮮の人々は血色が不足し、活気が不足しており、人々はみな営養不良になつている。さらに普通学校・高等普通学校男女学生の健康状態を見ても日本のそれより確実に劣等である。（中略）こうして我々は我々民族の衰退の原因を科学的に発見するやうになつた。万一我々が今日の健康状態のまま行けば、決して今日以上の良い朝鮮を手にすることはできないものと思はれる。なぜなのか？ 今より良い朝鮮は朝鮮人の力でのみ成りうるからで、その力の根源は朝鮮人の健康な体だからである。

（金昌世「民族的肉体改造運動」『東光』創刊号、一九二六年五月、六頁）

このように金昌世が、朝鮮民族の身体の劣等性について危惧していることが確認される。また医学的・科学的視点からすれば、朝鮮民族が衰退したことの原因が明らかであるとも認識している。ではどうすればよいのか。金昌世にとってそれは明らかなことである。つまり「我々は恐ろしいほどの自覚と恐ろしいほどの決心を持ち、我々民族の肉体の改造に時急《ママ》に着手しなければならない」のである。

またこのときの保健のあり方を個人保健と民衆保健という二つに分かったうえで、民衆の保健問題として児童衛生・栄養衛生・性生活・娯楽・休息・吸咽・飲酒・公衆衛生をあげ、これらの問題の改善には国家の力が必要であるが個人ないしは組織によって、少しでも改善すべきであるということを訴えていた。この考えは、それまでの朝鮮民族の非科学的生活を科学的生活へとシフトしていかねばならないということと同義であり、この「民族的肉体改造運動」という論文は、民族の肉体の劣悪さを改造していくために、知識人としての理念と根拠を提示するものであった。

金昌世のこうした懸念や理念は、その後の朝鮮民族の「身体」をいわゆる近代的なる「身体」へと転換させることができたのだろうか。あるいは朝鮮知識人の希求する民族の「身体」は実現できたのであろうか。金昌世が亡くなった翌年の『朝鮮中央日報』の社説には「体育普遍化の急務」と題して、以下のような記事が掲載されている。

現実の朝鮮は虚弱であり、衰微であり、無気力である。かかる朝鮮を活気ある朝鮮、勇進する朝鮮、強毅《ママ》な朝鮮に新しく建設せねばならぬ。我が社会の他と異なる実情の下で、能く其の心身の健実《ママ》な発展を求むる道は勿論教育にある。しかし朝鮮の従来の教育は、或は徳育に偏重し、或は智育に編傾《ママ》して強健勇壮の実現とは正反対の結果を表はした。体育を崇尚する西洋では学者も其の強壮な身体が筋肉労働者に遜色ないが、従来我が社会には非学者にして繊弱の化身であつた、健全なる身体に健全なる精神が宿るといふ格言も今日に至りては余りにも明らかな事実である。体育の切実な必要を知りながら体育の徹底な普及策を等閑にしたのは其の本末の甚だしい傾倒である。

（『朝鮮中央日報』一九三五年三月二日）

体育・スポーツの普及を図ることの意義を強調するために記載された記事ではあるが、ここにみられる民族の「身体」はやはり発展途上の「身体」であり、改善すべき余地のある「身体」であったことが理解される。

これまでみてきたように、朝鮮知識人はつねに西洋列強の姿、西洋の「身体」を追い求めていた。西洋の人々と朝鮮民族の身体を比較したときに、みずからの民族の「身体」に対して劣等性を感じざるをえなかったことが、張徳秀の記事や金昌世の「民族肉体改造運動」、あるいは上記記事の言説からもにじみ出ている。それはまた、植民地支配を甘受していることへの理由を追い求めるものでもあり、民族の自律を図るために、民族の「身体」に何が必要なのかを提示するものでもあった。

## 東亜日報社のスポーツ事業

ここまでに朝鮮知識人が、みずからの民族の「身体」に対する劣等感を抱いていた心象、ならびに彼らが目の当たりにした民族の「身体」についてふれてきた。ここでは朝鮮民族の「身体」を、いかに近代的なるものにしていこうとしたのか、あるいはどのようにして近代的価値観を民族の「身体」に付与していこうとしたのかについて考察する。

その具体的事例として、東亜日報社のスポーツ事業を取り上げる。植民地期における東亜日報社の文化事業は大きく二つに分けることができ、ひとつが学芸分野における文化事業、もうひとつが体育・スポーツ分野における文化事業であった。

東亜日報社が主催したスポーツ事業を確認すると、全朝鮮女子庭球大会、四倶楽部野球連盟戦、全朝鮮氷上大会、全朝鮮水泳競技大会、京永短縮マラソン大会があげられる。また体育団体を積極的に支援した例として、朝鮮体育会の設立の後援も重要な事業のひとつであり、さらにシルム（脚戯）や鞦韆《しゅうせん》（ブランコ）などの民族的スポーツを多く後援している事実が確認される。

以下では、東亜日報社のスポーツ事業のなかでも代表的な活動としてあげられる朝鮮体育会の後援、全朝鮮女子庭球大会の主催に着目しながらその実態を明らかにし、また民族的なスポーツを振興している点についても着目する。

### ①朝鮮体育会の設立の後援

朝鮮体育会は現在の大韓体育会の前身とされる。この体育組織が結成される背景として、まずはこの時期に文化政治への転換が図られたこと、そして日本人主体のスポーツ団体である朝鮮体育協会の結成に刺激をうけたこと、さらに東京に留学していた朝鮮人学生のスポーツ活動があげられる。

文化政治への転換により、武断政治では禁止されていた言論・集会・出版が認められ、東亜日報社の設立も朝鮮体育会の設立も、この政策転換にともない成立したといえる。また朝鮮体育協会の結成は、朝鮮体育会を組織するときに朝鮮民族を主体にした外的要因であり、東京に留学していた朝鮮人学生のスポーツ活動は、朝鮮体育会が組織されたときの内的な要因として位置づけられる。それらは、以下のような文章から確認されよう。

韓日合邦にしたがい結社禁止令によって存在した団体まですべて解体された条件下にあり、そのうえ在韓日人たちの活動として一九一九年二月には〔大〕日本体育協会の支部形式で朝鮮体育協会が組織されたことはさらに刺激を与えられ、また一方で我が東京留学生たちの活動が本国にまで影響を及ぼし、各種運動競技がそれなりに成長をみせるようになったのである。

（東亜日報社『東亜日報社史　巻一』東亜日報社、一九七五年、一九二―一九三頁）

上記のような状況を背景に、五〇余名からなる体育会発起人会が発足、そのなかから創立準備委員が一〇名選出されるが、こうした動きの当初から東亜日報社は後援していたとされる。このとき選出された創立準備委員の一〇名は、尹冀鉉《ユン・ギヒョン》、辺鳳現《ピョン・ボンヒョン》、元達鎬《ウォン・ダロン》、李東植《イ・ドンシク》、金丙台《キム・ビョンテ》、李重国《イ・ジュングク》、劉汶相《ユ・ムンサン》、李源容《イ・ウォニョン》、金東轍《キム・ドンチョル》、金圭冕《キム・ギュミョン》であった。

このなかで尹冀鉉と辺鳳現は、日本での留学時代に大韓興学会の野球部のメンバーとして、母国での訪問競技を行ったことがあった。またこの時期の辺鳳現は東亜日報社の記者でもあり、一九二〇年四月十日から東亜日報に、「体育機関の必要を論ずる」という論説を三度にわたり連載するなど、体育会を組織するために活発な動きをみせていた。李重国、李東植、元達鎬、金丙台らはいずれも日本への留学経験があり、留学時代からのつながりや留学時ならびに帰国後のスポーツ経験などが準備委員に選出された理由であろう。

その後は発起人の署名活動を教育機関、社会有志、競技関係者を中心に進め、九〇余名の発起人を集めるにいたる。その大半を推薦したのが当時の東亜日報主筆・張徳秀であった。このことはこの体育会への期待とスポーツ振興の意味を理解させてくれる。

このときの発起人の名簿からは、一三名が東亜日報社関係者であることが確認され、朝鮮体育会設立への後援を裏づける。またそのなかには、東亜日報グループを代表する金性洙《キム・ソンス》と張徳秀の名前も見受けられる。

ともあれこうして設立にいたった朝鮮体育会であったが、初代会長には張斗鉉《ジャン・ドゥヒョン》が就任し、理事長には高元勲《コ・ウォヌン》が就任している。張斗鉉を会長に推したのは、東亜日報社の幹部だといわれる。当時彼は東洋物産株式会社の社長であり、また金性洙の経営する京城紡織の監査役でもあった。一九二一年九月に東亜日報社が「株式会社」としてスタートし、宋鎮禹《ソン・ジヌ》が社長に就任したときには、取締役のひとりとして金性洙とともに張も名を連ねている。こうしたことから張は、金性洙や東亜日報社の幹部らと非常に近しい人物であったことがわかる。

以上のように朝鮮体育会の設立には東亜日報社が深く関与し、体育会設立の原動力となった人々の多くが、日本への留学経験があったことがわかる。そのためこの時期のスポーツに関する情報は、日本で得たものや経験したものが多く、東亜日報社の後援をうけた朝鮮体育会は、日本経由のスポーツに関わる情報や制度を、朝鮮民族に広めていく役割を担ったといえる。

### ②全朝鮮女子庭球大会の主催と女性スポーツの振興

東亜日報社主催のスポーツ大会のなかでも全朝鮮女子庭球大会は、近代的女性観をスポーツを通して宣伝していったという点で重要である。

朝鮮の女性観は儒教的価値観と旧来の家父長制に強い影響をうけ、女性の社会進出を妨げる要素となっていたために、女性の「解放」が朝鮮知識人によって推進されることになる。つまりスポーツを通じて、朝鮮社会に近代的価値観を共有させる試みであったといえるだろう。

こうした女性に対する見方の変化を示すかのように、東亜日報の主筆であった張徳秀は一九二〇年九月に「婦人解放論」という論文を雑誌に掲載し、女子教育の振興とともに社会改革の必要性を訴え、女性解放の足かせとなっている社会制度の見直しを論じた。こうしたことからも東亜日報社が、近代的女性観を朝鮮社会に啓蒙していこうとしていたことがわかる。近代的女性観を広めるために、東亜日報社は女子の庭球大会を準備していくことになるのであるが、当該期の価値観を転換させていくのは容易なことではなかった。このときの事情を以下にみてみよう。

> 当時であっても女性の公開場所の出入が禁忌されていたように儒教の因習がまだ根深く打ちこまれていた時である。本社の女子庭球大会はその隘路も並大抵でなく、手続節《マ》次《マ》もかなり面倒で今考えても今昔の感がある。この大会を開くため本社は事前に関係体育人と女学校当局と協議を重ねたすえに漸くその開催を決定することとなったがその決定に再び学兄と任員以外の一切の男性は入場を不許するという条件が付けられたのである。
>
> （東亜日報社『東亜日報社史　巻一』東亜日報社、一九七五年、一九二頁）

このように女性が人前でスポーツをするということには、関係者らの払拭しきれない抵抗感があったのである。それでもこうしたスポーツ大会の開催は、「当時の社会環境では一大勇断が必要だったのであるが、この大会は体育それ自体にも意味ある大会だったのは勿論である。女性の社会的地位向上のための啓蒙という意味でも画期的な事業だった」とも記述されているように、女性解放につながる価値観を備えていたことが重要であり、単にスポーツを楽しむという牧歌的な観点からの開催ではなかったことをうかがわせる。

こうして全朝鮮女子庭球大会は、一九二三年六月三十日に初めて開催されるにいたった。以後の植民地期では、一九三九年まで一七回にわたって開催されることになる（写真12）。他のスポーツではなく「庭球」を選んだ理由としては、「庭球の競技は女子の体質に最も適当

写真12　第5回全朝鮮女子庭球大会（『한국스포츠100년』）

であり、またこの庭球の最初起源が実にその字義の如く一家の家庭を中心にした庭園の遊戯から発した沿革を思うと庭球こそが女子独特の運動である」とされていることから、当時のスポーツのなかでも庭球が、女性に最も適したスポーツであると考えられていたことによる。

　この大会に参加していたのは、朝鮮の女学校に所属する学生が主体であった。たとえば第一回大会に参加した朝鮮人女学校をみてみると、淑明《スクミョン》、貞信《ジョンシン》、進明《ジンミョン》、京女高《けいじょこう》、同徳《ドントク》、培花《ペファ》、永明《ヨンミョン》、好寿敦《ホスドン》の八校であり、日本人女学校は一高、二高、演習科の三校が参加していた。このように朝鮮人、日本人ともに参加してはいたが、当初は日本人学生の技術が高かったために大会は一部と二部に分けられ、一部では朝鮮人学校八校による団体戦がトーナメント方式で行われ、二部では日本人学校三校による団体戦がリーグ戦方式で行われている。こうした競技の方式は一九二七年の第五回大会まで継続され、それ以後は日朝両女学校を合わせたトーナメント方式のゲームとなる。

またこの大会がいかに衆目を集めたかについては、第一回大会の観衆の状況から推しはかれよう。『大韓体育会史』には「人波は貞洞《ジョンドン》一帯を埋め、収容能力四千名しかない同校校庭だけでは到底競技進行が困難であり、隣近の仏教中央布教室と普成《ポソン》初等学校の丘を借りて観覧席を用意せねばならなかった」とあり、人々がこの庭球大会をみるために会場に殺到していたことがわかる。

こうして継続されていった女子の庭球大会は、女性の体育・スポーツへの社会的関心を高めた点で非常に評価される。それは東亜日報社のそもそもの目的であった、「当時の儒教的社会におかれていた女性スポーツを一般に公開し、朝鮮の女性に対して体育・スポーツを奨励し、女性の健康増進及び女性スポーツの底辺拡大を図る」ことが実現したことになるだろう。

全朝鮮女子庭球大会に代表される女性の体育・スポーツへの進出は、一九三〇年代になると顕著なものになる。まず一九三〇年に、朝鮮における女子体育の普及を目的に朝鮮女子体育奨励会が組織され、翌年の二月には初めての女子体育奨励講演会が東亜日報社学芸部の後援で開催され、女子のスポーツ大会のようなパフォーマンスを主としたイベントとは別の、女性の体育・スポーツに対する理解の深化をうながす活動のはじまりであったとみられる。また同年十一月には朝鮮体育研究会の主催、東亜日報社の後援により、第一回体育講演会が催されているが、テーマのひとつとして「女子の体育について」という演題で梨花《イファ》女子専門学校の金信実《キム・ジンシル》が講演しており、これらから女性の体育・スポーツに対する専門的な見識をもった人々が育ってきていたこともわかる。

このように東亜日報社は近代的価値観を先取りし、宗主国が容認する範囲内で民族への啓蒙活動を行っていた。そのひとつが体育・スポーツを通じて近代的女性観を朝鮮社会に広げ、女性の身体を近代的なものへと導いていくことだったのである。

### ③民族スポーツの振興

東亜日報社は庭球・野球・蹴球などのほかに、シルムや弓術、また鞦韆などの民族スポーツの大会も多く主催・後援している。こうした朝鮮民族の年中行事に組み込まれていた身体文化を、スポーツ大会として振興していこうとする点は、東亜日報社のスポーツ事業の特徴のひとつでもある。

たとえば民族の伝統的身体文化であるシルムの振興を目的に、朝鮮シルム協会が一九二七年に発足しており、さらにＹＭＣＡ（京城基督教青年会）が主催となって、全朝鮮シルム大会が同年十二月に開催されている。その後援を請けたのが東亜日報社の運動部であった。十二月十九日付の東亜日報には「第一回朝鮮シルム大会」と題して社説が掲載されているが、その社説からもわかるように、「朝鮮一般民衆の間に新式の運動競技によらずとも我々が我々の身体を鍛錬する機会をもつて」いることを、こうした大会によって広く知らしめることになったのである。またこの社説は、以下のように締め括っている。

日本にあつてはこの相撲（シルム）を彼らの国技として特別に盛大に興行しているが、決して日本の独特なる国技ではなく、我々朝鮮にもずつと以前から存在してきており、各にその特点を発揮し互いに競争することもあつたのである。こうした意味にあつて我々は今番の第一回朝鮮シルム大会を歓迎し、これが今後にあつて回数を重ねていく間にさらに特別なその技術を錬磨し、一種の特殊性と深遠味をもつようになるといふ運動競技にまで発達進展されることを希望しつつ今回の参加諸選手の健闘を祈る。

（『東亜日報』一九二七年十二月十九日）

このように東亜日報社は、民族的身体文化の発展を企図して、シルム大会などを積極的に後援していく（写真13）。伝統的身体文化を組織化し、さらに競技として発展させていくことは、民族の近代化を図っていくことに寄与しうる有効な手段とみなされたのである。このことは伝統的なものを近代化させる、ひいては伝統的民族の価値観を近代化させるという、当該期の朝鮮知識人の思想とも合致するものであった。

民衆に体育・スポーツを広めていこうとする風潮が強まりつつあったこの時期、特に農村に体育・スポーツを振興する方策のひとつとして、在来のスポーツに関心を向けることも重要であった。

ただこの点については、実際に採用された記録は見当たらないが、一九三九年にノルティギ（板跳び）、シルム、弓術などの朝鮮固有競技を正科にしようという動きが日本の側からも出てきており、同様の論理の下で、植民地支配に取り込まれる可能性があった点にも注意を払う必要があるだろう（写真14）。

씨름大會第二日畫報

写真13　シルム大会の様子
（『東亜日報』1929年 6 月13日）

朝鮮固有競技正科化
運動具制限으로 널뛰기, 씨름, 弓術登用
新學年앞두고 各校, 細案講究

写真14　朝鮮固有競技の正科化
（『東亜日報』1939年 3 月18日）

このように東亜日報社は近代的価値観を先取りし、宗主国が許容する範囲内で朝鮮民族への啓蒙活動を行っていた。そのひとつが、体育・スポーツを通じて近代的女性観を朝鮮社会に広め、女性の身体を近代的身体へと導いていくことだったのである。さらに伝統的身体文化を組織化し、競技として発展させていくことは民族の近代化を図っていくことに寄与しうる有効な手段とみなされ、多くの民族遊戯・スポーツを振興するとともに、伝統的価値観を近代的価値観へと変化させていこうとしたのである。

## 劣等感が払拭されるとき

朝鮮知識人が抱いた民族の「身体」への劣等感を乗り越えていくためには、東亜日報社の事例にみられるように、みずからの民族の「身体」のおかれた状況を理解し、新たな民族の「身体」形成をうながす方策として、スポーツ事業を展開していくことが現実的であった。しかし朝鮮知識人にとって、彼らが抱く劣等感の根源は西洋の「身体」にあったため、彼らの劣等感は西洋の「身体」に伍する民族の「身体」が現れることでしか払拭されえない。それを測ることができたのが国際スポーツという場であったと考えられる。

ここでは、朝鮮知識人の身体的劣等感を払拭する発露となった出来事について考察してみる。またそれに対して、この時期の朝鮮のスポーツを宗主国側はどうみていたのかについても若干ふれてみたい。

### ①国際スポーツへの参加と内鮮融和

一九三二年のロス五輪では、日本代表として三名の朝鮮人選手が初参加している。陸上マラソンの金恩培《キム・ウンベ》と権泰夏《グォン・テハ》、ボクシングの黄乙秀《ファン・ウルス》である。一九二〇年代後半の日本においては、スポーツはそれまでにも増して民衆の関心の的になっていて、その流れのままにロス五輪は人々の熱狂のなかで迎えられた。

オリンピックに出場することは、国際的に国家の威信を示すことにもつながり、後発国にとっては国家の発展を同時に示すことになる。そのことをふまえると、ロス五輪に朝鮮民族から出場者が現れたことの感激は、朝鮮知識人にとっては一入《ひとしお》であったはずである。彼らの心情を以下の史料から読み取ってみたい。

> 全日本の選手が一場に集ふ大会で数千の選良を圧倒して朝鮮青年が第一、第二の着を全部独占したといふことはすでに朝鮮青年の栄誉なのだが世界の全選手が集合する世界オリムピック大会に朝鮮青年がその雄姿を現すことになつたことはただ権金両君の栄誉だけではなく朝鮮民族の光栄であると言はねばならない、過去累世紀間たとへ隠遁文弱の

弊に嵌まり民族的萎縮の運命に陥つていてもこのやうにかくれた世界的選手がいたといふことは実に朝鮮民族の血管に大陸的民族の血液が強く打つていることと理解されるが、これは朝鮮の誇りであり、朝鮮の栄誉である。

（『東亜日報』一九三二年六月二日）

このように朝鮮民族のなかから、世界に伍する「身体」をもつ青年が現れたことに喜びを隠せない状況であった。植民地支配を甘受せねばならない状況のなかで、朝鮮知識人が抱きつづけた劣等感を払拭する機会が、オリンピックへの朝鮮人選手の出場によって与えられたのである。このことは朝鮮知識人のプライドを刺激し、自信を与える契機となったであろう。

こうした朝鮮民族のスポーツでの活躍を、宗主国の側はどのようにみていたのか。この時期の植民地支配のスローガンは内鮮融和であり、そのためスポーツは内鮮融和の象徴としても扱われるようになっていた。たとえば西尾達雄は、一九三四年八月三日と一九三五年十一月九日に掲載された京城日報の記事に着目し、軟式庭球が内鮮融和に貢献していたとする事例を紹介している（西尾『日本植民地下朝鮮における学校体育政策』）。また当時開催されていた朝鮮神宮競技大会にも、多数の内鮮人（日本人と朝鮮人）が入り交じって競技を行っていたことから、内鮮融和の象徴ととらえられることもあった。こうしたなかで上記のように、日本代表として朝鮮人選手がオリンピックに出場したのである。このことについては、以下のような評価がなされている。

現に昨年は世界オリンピック大会に、日本代表選手として、朝鮮から金恩培と権泰夏の二君がロスアンゼルスの世界競走場にマラソン選手として出場した。斯ういふことは殊に朝鮮の若い人達に非常に良い刺激を与へてゐる。

斯の如き意味に於て朝鮮の若い人達に非常に結構なことで殊にそれが誤られずよく指導されて行つたならば思想善導の上からも、内鮮融和の点からも最も良いことの一つであらうと考へる。兎に角現在の朝鮮のスポーツは本当のスポーツ精神に立脚して向上発展してをるといふことを強調したいのである。（武者錬三「スポーツと内鮮融和―内鮮の理解は運動から―」熊平源蔵編著『朝鮮同胞の光』熊平商店、一九三四年、二九七頁）

こうした評価からも明らかなように、植民地朝鮮にとって日本代表選手に朝鮮民族が加わることは、統治方針のうえでも歓迎されるべきことであった。宗主国側のこうした認識は、朝鮮知識人が希求した民族の「身体」のパラドックスでもある。東亜日報社などを中心に、植民地支配をうける民族の「身体」を近代的な民族の「身体」へと改良していく事業が進められ、各種スポーツの振興が朝鮮民族の間で図られていく。そうしたなかで、身体能力の高い朝鮮人のスポーツ選手が現れて国際スポーツの場に参加することによって、朝鮮知識人の抱いていた身体的劣等感の一端は払拭されたかに思えた。しかし内鮮融和の下では彼らの思惑とは裏腹に、そのこと自体が植民地統治のスローガンに包含されてしまう可能性を秘めていたのである。

### ②民族の「身体」への熱狂

ともあれ内鮮融和政策さえをも打ち破るような出来事がベルリン五輪で起こる。孫基禎《ソン・ギジョン》のマラソンでの優勝である。ロス五輪では金恩培が六位、権泰夏が九位と善戦したもののメダルにまでは手が届かなかった。それが四年の歳月を経て、孫基禎という希有なマラソンランナーの出現により、朝鮮民族はスポーツを通じて民族主義的熱狂を呈するにいたるのである。孫基禎が優勝した直後の新聞記事を、以下にいくつか確認してみたい。

まずは『東亜日報』に掲載された尹致昊《ユン・チホ》の記述をみてみよう。

孫基禎君が優勝したといふことはすなはち朝鮮青年の未来が優勝したといふ予言として、或ひは活教訓であると固く信じてゐる。我々朝鮮の青年がスポーツを通してとりわけ二十億を相手にして堂堂たる優勝の栄冠を獲得したといふことはすなはち我々朝鮮の青年が全世界二十億人類に勝利したといふことである。我々の喜びと感激は衰へることがない。

（『東亜日報』一九三六年八月十日号外）

尹致昊は解放後に対日協力者として断罪されることになるが、このときは民族主義者のなかでも代表的人物であった。彼の記述からは孫基禎の優勝が民族的勝利であり、世界に向けてそのことを示してくれたことに大きな喜びを感じていることがわかる。さらに『朝鮮日報』には、以下のような記事が掲載されている。

我々は今回の孫、南両君の勝利をもつて民族的一大栄誉を得ると同時に民族的一大自信を得たのである。即朝鮮のあらゆる環境は不利であつても我々の民族的に受けた天稟は他のどの民族より先行できないやうなことはなく、努力さえすればどのようなことであつても成就しうるのである。我々はスポーツにおひて世界の班列に参席する資格を得たうえに我々は今後文化的道徳的其他あらゆる方面にあつても世界的水準に達する日にあることを信じるのである。

（『朝鮮日報』一九三六年八月十一日）

植民地支配によって朝鮮知識人が抱きつづけた民族の身体的劣等感は、国際スポーツの場を通じて払拭される機会を得ることになった。オリンピックという国際舞台での朝鮮人選手の活躍が、世界水準の身体を有することとみなされ、朝鮮民族の身体が近代性を帯びた身体に接近した、と朝鮮知識人は考えた。

孫基禎のベルリン五輪でのマラソンの優勝は、民族的熱狂のなかでいくつかの事件を誘発してしまうことになるが、スポーツにおいて民族の「身体」の優秀性を示しえたことの意義は、朝鮮知識人にとって多大であったことはいうまでもないだろう。

## 朝鮮民族の近代性とナショナリズム

Ⅳでは植民地朝鮮の朝鮮知識人が抱いていた劣等感、また民族の身体的劣等性をいかに払拭しようとしたのか、さらに彼らが抱いた劣等感が払拭されるにいたった瞬間までを、いくつかの言説・事例をもとに考察してきた。

張徳秀や金昌世の言説でみられたように、朝鮮知識人はみずからの民族の「身体」が、西洋（欧米諸国）、また日本と比べて劣っていることを認識したうえで、民族の「身体」をいわゆる近代的「身体」に改良していこうとした。そのための活動として、ここでは東亜日報社のスポーツ事業を取り上げた。東亜日報社は、当該期の朝鮮社会に近代的価値観を付与する手段としてスポーツを利用し、社会に浸透させていくことで民族の「身体」が近代性を帯びたものになることを期待した。

そして一九三〇年代になると、国際スポーツの場に朝鮮人選手が出場し、西洋諸国と肩を並べることのできる民族の「身体」が現れることになる。さらにオリンピックでの朝鮮人選手の活躍は、朝鮮知識人の抱いていた劣等感が払拭される契機となり、世界水準に達した朝鮮民族の「身体」に歓喜せずにはいられなかったのである。

Ⅳではスポーツが植民地朝鮮において果たした役割・機能の一端を、近代性をキーワードに考察してきたが、最終的に朝鮮民族の「身体」が近代性を帯びた「身体」へとシフトしたのかというと、答えは否である。なぜなら朝鮮知識人が歓喜した朝鮮民族の「身体」は、あくまでパフォーマンスに秀でたごく少数のスポーツ選手の「身体」であり、残念ながら彼らは制度的には日本を代表する選手たちであったからである。彼らの「身体」は、宗主国側の内鮮融和というスローガンに包摂される可能性をつねに含んでいた。ただこうした国際舞台で活躍できるスポーツ選手の存在が、朝鮮知識人の、あるいは朝鮮民族の励みになったことは確かであり、朝鮮民族のナショナリズムを掻き立てることになったのも事実であろう。

# Ⅴ　普成専門学校のスポーツ活動――競技力の向上と民族的抵抗

Ⅴでは植民地期の普成《ポソン》専門学校のスポーツ活動に着目し、その実態をみてみたい。普成専門学校は現在の高麗《コリヨ》大学校の前身であり、その歴史は一九〇五年からはじまる。植民地朝鮮においては、朝鮮人子弟の通う高等教育機関としてその存在は際立っていた。そのため普成専門学校のスポーツ活動を明らかにすることで、当時の朝鮮人がもっていたスポーツの価値観や機能を垣間見ることができると思われる。

また、普成専門学校の校長を務めた金性洙《キム・ソンス》という人物の存在にも着目したい。植民地期の朝鮮民族にとって、スポーツはどのような価値をもっていたのか、またスポーツの発展をどのように支えようとしていたのかという点を、スポーツと金性洙との関わりからも確認してみたい。

## 高等教育機関でのスポーツ

### 金性洙の評価と東亜日報グループ

金性洙は東亜日報グループの中心人物であり、彼の人脈と資本の総体が東亜日報グループ

写真15　金性洙像（東亜日報社）　著者撮影

を形成し、植民地朝鮮において朝鮮民族の文化事業をリードする役割を担った（写真15）。

ただ現在、金性洙について語ることは非常に難しく、それは彼の評価が二分することからも理解できる。彼に対する評価のひとつは、文化民族主義者として植民地期を生き抜き、朝鮮の近代化に寄与したとする肯定的評価であるが、一方で植民地期に対日協力を行ったとする否定的評価である。

たとえば「金性洙も戦時協力をしたとされ、親日派と言われる。しかし戦時にある団体、ある種の集会などに金性洙の名義の出てきているのは倭賊とその走狗が金性洙の名義を盗用したのだとされ、金性洙が出席、または承諾したことはなかったという。そして金性洙は朝鮮の教育事業、文化事業のための大いなる功労者であると同時に犠牲者である」（김학민、정운현『親日派罪状記』학민사、一九九三年、三六五頁）とされ、その評価が難しいようにも思える。彼を支持する論調は、およそこのように金性洙の対日協力について弁護、あるいはふれない傾向にある。しかしカーター・J・エッカートは金性洙を「朝鮮人資本家の協力を要請する政府に対して何

の抵抗もしなかった。それどころか一九二〇年以降、彼と総督府は蜜月の関係にあった」と結論づけているように（エッカート『日本帝国の申し子』）、彼の対日協力行為に対する批判は避けられない。

さらに鄭敬謨《ジョン・ギョンモ》は、大韓民国成立の淵源に金性洙の存在を位置づけ、彼のその後の国家への影響力を論じている。鄭は金性洙のブルジョア的性格を明確にすることにより、金性洙に対する非難を強めている。一方で鄭の言及は、「朝鮮人民共和国」の建国を頓挫せざるをえなかった呂運亨《ヨ・ウニョン》への同情の念を強く感じさせるものでもある（鄭敬謨「悪の種子が蒔かれた頃―韓国のハイド性とジキル金性洙―」）。

解放後の政治的活動が、金性洙の評価を多様にすることになったとも考えられるが、ひとりの人物に対立するふたつの評価が存在することだけを取り上げても、朝鮮半島の近現代史が複雑な様相を呈していることが理解される。ただこのことは、日本による植民地支配の影響があったことを前提にしておかねばならない。

こうした金性洙に対するふたつの評価がみられるものの、彼を中心とする東亜日報グループが、植民地期の朝鮮で行った事業の重要性は変わらない。東亜日報グループに関わる事業としては、京城紡織、東亜日報社、普成専門学校の経営などがあるが、Vでは彼の教育事業のひとつとして確認される普成専門学校に着目し、特にそのスポーツ活動についていきたい。

## 普成専門学校の経営引継

普成専門学校は現在の高麗大学の前身である。金性洙の教育事業のなかでも、この普成専門学校の経営が最も代表的な事業としてあげられよう。

そもそも普成専門学校は、一九〇五年に李容翊《イ・ヨンイク》によって創設された私立学校であった。その五年後の一九一〇年には、孫秉熙《ソン・ビョンヒ》を代表とする天道教会が経営を引き受け、一九二一年には財団法人として認められるようになるなど、天道教会の力を背景に植民地社会内での発展をみせていた。しかし財団法人内でのうちわもめや寄付金がうまく集まらなかったことが影響し、学校そのものの存立にかげりがみえはじめる。法人側はこうした危機を脱するために、学校経営を引き受けてくれる有志を求めることになったのである。

そして一九三二年に、普成専門学校の経営を引き継ぐことになったのが、財団法人の中央学院であった。『東亜日報』の社説には「普成専門校の曙光」と題して、このときのことが記されている。

維持難中にあつた普成専門学校は該校理事会と評議会の一致可決で財団法人中央学院

> の設立者である金祺中《キム・ギジュン》、金暻中《キム・キョンジュン》両氏に引継されることが決定し再昨日《おととい》発表された。これは財団法人中央学院設立者から中央高等普通学校を経営する巨大な財産を犠牲にした金祺中、金暻中両氏が普成専門学校の経営引継交渉に対してその基金に約六十万円可量《ほど》を出捐することを快諾したことに因るのである。
>
> 普成専門学校がかうして永久に安全になつたことはただ普成専門学校及びその関係者だけの幸ひにあらず、真に朝鮮教育界の面目を保つたと言へる。
>
> （『東亜日報』一九三二年三月二十九日）

写真16　金性洙像（高麗大学校）　著者撮影

普成専門学校の経営は財団法人中央学院に委託され、校長には金性洙が着任することになった（写真16）。金性洙は、定員超過募集事件で引責辞任した一九三五年と翌一九三六年の二年間を除く解放までの期間、普成専門学校の校長として在職している。

校長となった金性洙は、普成専門学校の中興策の一環として体育の振興を重視したとされ、普成専門学校の教育目標として知・徳・体の三大要素が尊重され、学友会においても綱領に「我々は知・徳・体　三育の協調に基づく人格の完成を期する」とあり、こうしたことからも体育・スポーツが教育のひとつの要として認識されていたことがわかる。また『仁村《インチョン》金性洙伝』では、体育・スポーツが「民族」と結びつけられて説明されている。

ほかの分野ではまず施設や機会にあって源泉《ママ》的に日人たちとの差別があったためこれを克服して彼らを凌ぐことは難しいことだった。しかし体育にあっては比較的差別が作用する余地がないため、対等な条件で即座に競ってみることができたのであった。運動競技で日本学生を凌ぎ、打ち負かすということは民族の矜持と自信を取り戻す契機であり、運動場での勝利は民族の希望を植えつけるすべであった。仁村が普専学生たちに願ったことは、本館入口の虎象《ママ》が象徴する雄健な気象《ママ》であり、それは強靭な体力から出ずるのであった。彼が体育を重視したことは教育というのは元来知・徳・体の三位一体からその完成を期するという原理も原理であるが、それよりも民族の現実的要請のためであった。（仁村紀念会『仁村金性洙伝』仁村紀念会、一九七六年、三六一―三六二頁）

植民地支配の影響は朝鮮人の心理的な状況にまで及んでおり、日本人からの差別によって形成される劣等感を、スポーツでの勝利によって払拭し、民族の自信を取り戻すところに、スポーツの意義を見出していたという点が確認される。

では上記でいわれる普成専門学校のスポーツ活動は、いかなるものだったのか。次にその実際を確認してみたい。

## 体育部の推移

普成専門学校の体育部の活動は、当初学生会活動のひとつであったが、三・一運動の影響もあり、学生運動に対する朝鮮総督府当局の監視はきびしかった。しかしスポーツに関しては、監視や双方の摩擦《まさつ》がなかったため、一九二〇年以降、朝鮮体育会や各民族系新聞社が主催・後援する競技大会が開催されるようになると、各種の運動部が競技大会に参加するようになる。

こうした競技会での活躍は、抑圧された「民族」の鬱憤を晴らす場となっていたが、一方で学校内部においては、運動部の選手偏重主義が問題となり、運動の大衆化が要望されるようになった。それに応じて学校当局は、一九二九年に学生会の管理で運営してきた運動部を学校当局で管理したが、一年と経たないうちに再び学生会に運営管理を戻した。その後三年を経た一九三三年に運動部を完全に学校当局で管理することになるが、一九三三年という時期を考えあわせると、金性洙の校長就任とともにそれまで曖昧であった体育部の運営管理体制も整理されはじめたとみてよいだろう。こうして学校当局の管理下におかれた体育部の規定をみてみると、以下の通りである。

一、本校ニ体育部ヲ置ク。
二、体育部ノ経費ハ生徒ヨリ徴収スル体育費及本校ノ補助金ヲ以テ支弁ス。
三、生徒ヨリ徴収スル体育費ハ一人額五円五十銭トシ授業料納期ニ従ヒ相当割合ノ金額ヲ授業料ト同時ニ納入セシム。
四、体育部ニ蹴球・ラ式蹴球・庭球・籠球・陸上競技・柔道・剣道・水泳及卓球ノ各部ヲ置ク。
五、体育部ノ各部ニ部長一人ヲ置ク。
部長ハ教員中ヨリ学校長之《これ》ヲ命ス。
六、各部長ハ必要ニ依リ生徒中ヨリ委員ヲ任命スルコトヲ得。
部長委員ヲ任命シタルトキハ直ニ学校長ニ報告スヘシ。

（『普成専門学校一覧』昭和十一年度、四三頁）

上記の規定は一九三六年度のものであるが、金性洙が校長に就任していた時期の規定として確認される。これをみると学校当局により体育部の合理化が図られ、各運動部を体育部に所属させて運営管理するようになったことがわかる。また体育部を体系的に改編することによって、運動選手本位であったスポーツを一般学生に対しても、「体力増進と運動精神普及・涵養」に資するものとして位置づけたのである。

しかし一九四〇年になると、日本の戦時体制が進行するとともに国民総力連盟が各機関に設置されることになり、十二月には当局の命令により「国民総力普成専門学校連盟」が組織される。そのため体育部は解消されて体錬部となった。この体錬部の下に、柔道部・剣道部・力道部・山岳部・ア式蹴球部・ラ式蹴球部・庭球部・陸上競技部・卓球部・排球部・送球部・水泳部・氷上部がおかれたが、競技大会などに出場する余裕はなくなったとされる。ただこのころになると、各種競技大会そのものが次々に廃止されるようになってきていたため、そうしたことも競技大会に出場できなくなった理由のひとつとしてあげられよう。

このように普成専門学校の体育部は、一九三〇年代に金性洙が校長となるのと同時に合理化が図られたものの、数年後には総督府の政策により戦時体制に見合う組織に改編されたのである。

## 各競技団体の活動

それでは各運動部は、当該期においてどのような活動をしていたのだろうか。以下では、いくつかの代表的競技団体の活動を取り上げて検討したい。

植民地期朝鮮のスポーツは、一九三〇年代に目覚ましい発展を遂げている。ここでいう発展とは、宗主国日本の競技レベルと比較しても遜色なく、あるいは宗主国以上の競技レベルに達していたことをさし、日本人の目からみてもそれは明らかであった。竹内一は、一九三四年当時の朝鮮半島におけるスポーツの近代的発展を報告しており、そのなかで陸上競技、ラグビー、蹴球、アイススケート、アイスホッケー、庭球などの競技についてふれている。蹴球と庭球についてふれている部分をみると、以下の通りである。

　更にア式蹴球は朝鮮の国技とも言ふべく、その技術は決して内地のそれに比して優るとも劣らない。目下全鮮的に統一を遂げ得て、その技は増々《ママ》研究されつゝある。恐らく今後全日本の蹴球を代表するものは我々の半島から出るであらう。（中略）

　更に軟式庭球に於ては昨年明治神宮各府県対抗に優勝し、今年伊勢神宮競技に於ても再勝し名実共に全日本の斯界の中心は半島に移つた感がある。

（竹内一「黎明の半島体育・スポーツ界を語る」『体育と競技』一九三四年十二月号、一九九頁）

この竹内による蹴球についての暗示めいた記述は、時を経ずして的中することになる。すなわち翌年の京城蹴球団の活躍である。

一九三五年に開催されたサッカーの全日本選手権は、一九三六年のベルリン五輪の選手選考も兼ねていた。この大会で決勝まで進んだのは、東京文理大と朝鮮の京城蹴球団であった。決勝では六―一という圧倒的な大差で京城蹴球団が勝利し、その年の優勝を果たしている。じつはこの京城蹴球団の主力メンバーのなかに、普成専門学校の金容植《キム・ヨンシク》・朴奎楨《パク・ギュジョン》・金炳禧《キム・ビョンヒ》・裵宋鎬《ペ・ソンニョン》・康基淳《カン・ギスン》・高鴻寛《コ・ホングァン》の六名が入っていたのである。なかでも特に金容植は、ベルリン五輪代表選手にも選ばれるなど、その活躍は目を見張るものであった。

上記のように、このころの普成専門学校の蹴球部には非常に優れた選手が多く、朝鮮半島内で開催されていた一九三二年の朝鮮体育会主催の第一三回全朝鮮蹴球大会、一九三四年の大阪朝日京城支局主催の第八回全朝鮮ア式蹴球大会、一九三六年の朝鮮蹴球協会主催の全朝鮮蹴球選手権大会などで優勝しており、また朝鮮体育協会主催の朝鮮神宮競技大会では一九三三年の第九回大会、一九三四年の第一〇回大会、一九三六年の第一二回大会において優勝するなど、多くの優れた成績を残している。

こうした競技における活躍のほかにも、普成専門学校の蹴球に関わる活動のなかに、学校自体が主催して、全朝鮮中等学校蹴球大会というスポーツ大会を開催している点は注目される。この大会は一九二八年から開催されており、高等普通学校を中心に朝鮮人の子弟が所属する中等学校が参加の対象とされていた。大会の主旨はサッカーの普及と青少年体育の発展であり、一九四〇年の一三回大会まで継続して行われている。またこの大会には、前述した金容植・金炳禧・高鴻寛らのように、後に普成専門学校の蹴球部で活躍するような選手も多数参加していたことが確認される。

先にあげた竹内のもうひとつの言及に戻ろう。竹内は庭球に関して明治神宮競技大会、ならびに伊勢神宮競技大会での朝鮮人選手の活躍についてふれていた。この年の両大会で優勝したのは、普成専門学校庭球部の千季根《チョン・ケグン》・盧炳翼《ノ・ピョンイク》組だった。彼らの活躍に牽引されて、普成専門学校庭球部は一九四〇年まで黄金時代を迎えたとされ、各競技大会において優れた成績を残している。ちなみに千季根・盧炳翼組は、朝鮮軟式庭球連盟主催の全朝鮮学生軟式庭球選手権大会の第一回大会（一九三四年）と第二回大会（一九三五年）で優勝しており、普成専門学校庭球部は朝鮮学生庭球連盟主催の高専庭球連盟戦において、第二回大会（一九三六年）から第五回大会（一九三九年）までの四大会を連覇している。この時期はまさに全盛期であったといえるだろう。

普成専門学校にはもうひとつ偉業をなした運動部が存在する。それは籠球部である。朝鮮半島のバスケットボール界は、普成専門学校と延禧《ヨンヒ》専門学校とが鎬《しのぎ》を削りながら発展してきたが、まず檜舞台に立ったのは延禧専門学校であった。ここでもベルリン五輪の存在は大きい。

一九三二年のロサンゼルスでのＩＯＣ総会で、一九三六年のベルリン五輪からバスケットボールが正式種目として採用されることに決まったため、京城蹴球団が活躍したのと同じ一九三五年に開催された第一五回バスケットボール全日本選手権は、オリンピックの選手選考を兼ねた大会でもあった。この大会で優勝を果たしたのが、延禧専門学校だったのである。その結果、延禧専門学校の選手のうち李性求《イ・ソング》、廉殷鉉《ヨム・ウニョン》、張利鎮《ジャン・イジン》の三名が代表選手に選ばれてベルリン五輪に参加している。

普成専門学校の籠球部は蹴球部とは違って、一九三四年と一九三五年には沈滞期にあった。籠球部はベルリン五輪には間に合わず、その翌年の一九三七年から大躍進がはじまる。

一九三七年の第一七回全日本選手権の決勝は、普成専門学校と延禧専門学校によって争われた。結果は四三－四一という僅差で、普成専門学校が初優勝を果たしたのである。この年の決勝に進出した両校が、朝鮮半島の学校であったことからも当時の朝鮮における競技レベルの高さがうかがえよう。

普成専門学校籠球部の活躍は、この大会だけに止まらなかった。その翌年の全日本選手権でも優勝を果たし、続く一九三九年の第一九回大会でも優勝し、全日本選手権三連覇という偉業を成し遂げたのである。この記録は一九二一年から一九二三年の東京ＹＭＣＡの記録に並ぶが、競技レベルの向上、また普成専門学校が植民地支配をうける環境のなかで成しえた成績である点をふまえると、後者のそれと同列には語れない。

このようにいくつかの競技団体の活動をみてきたが、普成専門学校の各運動部は競技レベルを向上させ、宗主国日本の選手・競技団体に対しても引けを取らず、一九三〇年代には数々の大会において優れた成績を残している。このことはスポーツがオリンピックという国際舞台を中心に、発展した自国の存在感を示す一機会になっていたことを考えあわせると、朝鮮民族のこうしたスポーツでの活躍は、植民地支配者への抵抗という意味と同時に、朝鮮「民族」の発展の物語でもある。普成専門学校のスポーツでの活躍は、その物語のひとつとしてとらえることができよう。

## スポーツ選手の特別入学

普成専門学校では、当時から特別入学という制度が存在していた。『六十年誌』には、植民地期の普成専門学校のスポーツ活動が、日本の政治的権力に対するレジスタンス的意味をもつものであったとしたうえで、「学校当局はこうした体育活動の意義を勘案して選手の特別入学を許可して」いたと記述されている。また日本の植民地支配からの解放後は、上記のような意味がなくなったため、大学体育の見直しが図られ、「運動選手の特別入学の廃止および学業の勧奨など選手の体育精進に多くの制約が加えられるように」なったとあり、植民地期に普成専門学校がスポーツ選手を特別入学といった制度で獲得していたのは明らかである。

普成専門学校の入学に関する規定の第一一条には、「学校長ニ於テ必要アリト認ムルトキハ前条ニ該当スル入学志願者ニ就キ口頭試問身体検査及学力試験ヲ行ヒタル上入学許可ノ決定ヲ為ス」（『普成専門学校一覧』昭和十一年度、三一頁）とあり、通常の入学とは違った方法が当時から存在していたことがうかがえ、規定上での特別入学をさすとすればこの第一一条であろう。またこの規定では、校長の意向が強く反映するものであったこともわかる。

前述した普成専門学校の籠球部の活躍には、こうした特別入学が背景にあった。一九三四年と一九三五年に奮わなかった籠球部は、じつに一九名もの選手を平壌《ピョンヤン》・開城《ケソン》・ソウルの各所から集め、その後の全日本選手権三連覇を導くことになったのである。このとき活躍した趙得俊《チョ・トクジュン》・李好善《イ・ホソン》・呉寿喆《オ・スチョル》・呉重烈《オ・ジュンニョル》・安昌健《アン・チャンゴン》らは、昭和十二年度（一九三七年）から昭和十四年度（一九三九年）の期間、最優秀選手もしくは優秀選手として大日本籠球協会か

写真17　桂洞に残る金性洙旧居　著者撮影

ら表彰されており、全日本代表としても活躍している。また陸上競技部においても、一九三七年の記録から特別入学の選手が確認される。「民族」の英雄・孫基禎である。孫基禎が入部している間の半年間、普成専門学校陸上部は一九三七年の京・水間駅伝競技大会で一位、全朝鮮陸上競技大会でも優勝という記録を残しており、孫基禎が普成の選手のひとりとして活躍した足跡が残っている。

孫基禎は、ベルリン五輪のマラソンで金メダルを獲得した植民地朝鮮のまさに英雄だった。しかし彼はベルリン五輪後に、いわゆる日章旗抹消事件が起きたために、事件の渦中に巻き込まれてしまう。孫基禎は「民族」にとっての英雄であると同時に、総督府にとっては要注意人物だったのである。

当時の孫基禎はなんとも表現できない心持ちで生活せねばならず、日章旗抹消事件に関わった東亜日報社を思い起こし、金性洙に会うことを決意したという。そして、桂洞《ケドン》の金性洙宅を直接訪れ、普成専門学校への入学を願い出たと回想している（写真17）。こうして普成専門学校に入学した孫基禎は、一九三七年の陸上部の活躍に助力することになったのである。

このように孫基禎のような有名選手でさえも、普成専門学校に迎え入れられたのであった。しかも「民族」発展の象徴であり、当局から要注意人物とされる孫基禎を入学させるということの意義は、決して小さなものではなかっただろう。

普成専門学校のスポーツ選手獲得をうながす特別入学という制度は、当該期のスポーツ競技での活躍に欠かすことのできない制度であったと思われる。それにより朝鮮半島各地から才能ある朝鮮人青年を集め、時には朝鮮半島で、時には日本で普成専門学校のスポーツでの活躍を創造していったのである。

## 民族的抵抗か協力か

Vでは、植民地朝鮮における朝鮮民族の高等教育機関であった、普成専門学校のスポーツ活動の実態についてみてきた。普成専門学校は、金性洙によって一九三二年に経営が引き継がれ、スポーツ活動の発展が著しく進む。金性洙は普成専門学校の校長として教育事業に携わり、体育・スポーツを普成専門学校の中興策のひとつとして重視したのであった。

普成専門学校の体育部のなかでも、とりわけ蹴球部、庭球部、籠球部の活躍は目覚ましく、日本代表として選出されるほどの選手が存在していた。彼らの活躍は、普成専門学校が才能あるスポーツ選手を朝鮮半島全土から獲得してきたことにも起因していた。体育部の活躍は支配をうける朝鮮人の劣等感を払拭し、民族的抵抗を示す機会となっていたのである。

普成専門学校に着目したのは、当該期における朝鮮を代表する高等教育機関であり、朝鮮人エリートを養成していく重要な機関であったからである。そこに金性洙が校長として就任し、教育事業を展開していったのである。植民地期の彼の行動は、現代においては肯定的にも否定的にも評価されているが、この教育事業に携わったことが企業家としての金性洙だけではなく、教育者としての金性洙の存在を後世に伝えることになった。「文化民族主義者」という称号はこのことに由来するものでもあり、民族の近代化に寄与したと評価されている彼の事業は、この普成専門学校の経営にある。それがたとえ彼の財力を保持・増強するものであったとしても、である。

植民地という状況を考えると、当然のことながらスポーツに期待される役割としては、宗主国に対する被支配民族の抵抗があげられる。Ⅴでみてきたように普成専門学校のスポーツ活動は、そういう意味では宗主国日本に対して十分な成果を上げたとみることはできるが、スポーツ活動は抵抗だけを意味したのではなく、スポーツでの成功が民族の発展を意味したということも合わせて理解しておく必要があるだろう。これは近代化＝民族の発展をうながそうとした朝鮮人エリートたちの価値観と符合する部分でもあり、一九二〇年代に展開された民族の実力養成論や李光洙の民族改造論の延長上にあると考えてよいのかもしれない。

しかしこうした普成専門学校のスポーツ活動も、一九四〇年十二月に国民総力普成専門学校連盟として改編されると、三〇年代に展開されたような活動ではなくなってしまう。普成専門学校のスポーツ活動は、民族の価値観を体現する文化的活動のひとつであったのと同時に、金性洙のもうひとつの評価、すなわち対日協力者としての評価と符合する活動へと転換せざるをえなくなっていったのである。

# Ⅵ　オリンピック参加の期待と苦悩――植民地支配と朝鮮人選手のジレンマ

## オリンピックと朝鮮人選手

日本が朝鮮半島を植民地とした期間に、夏季のオリンピックは六回開催されている。この六回のうち、一九三二年に開催されたロス五輪と一九三六年に開催されたベルリン五輪の二つの大会には、植民地朝鮮から日本代表として計一〇名の朝鮮人選手が参加していた。表5は、その一〇名の選手一覧と競技種目および開催都市・競技結果である。ロス五輪には三名の朝鮮人選手が参加しており、競技種目はマラソン二名、ボクシング一名であった。ベルリン五輪には七名の朝鮮人選手が参加し、マラソン二名、サッカー一名、バスケットボール三名、ボクシング一名といった内訳になっている。

当該期の日本においてスポーツは、社会に熱狂を生み出していたが、それは植民地であった朝鮮半島においても同様であり、植民地朝鮮に近代的価値観が広がっていくなかでスポーツへの関心も高まっていた。特にオリンピックに代表される国際的スポーツ大会の存在は、朝鮮知識人、また民族のナショナリズムを大いに掻き立て、オリンピックの舞台に被支配民

**表5　オリンピックに日本代表として参加した朝鮮人選手**

| 氏　名 | 競技種目 | 開催都市 | 競技結果 |
|---|---|---|---|
| 金恩培 | マラソン | ロサンゼルス | 6位 |
| 権泰夏 | マラソン | ロサンゼルス | 9位 |
| 黄乙秀 | ボクシング | ロサンゼルス | 1回戦敗退 |
| 孫基禎 | マラソン | ベルリン | 優勝 |
| 南昇龍 | マラソン | ベルリン | 3位 |
| 金容植 | サッカー | ベルリン | 2回戦敗退 |
| 李性求 | バスケットボール | ベルリン | 3回戦敗退 |
| 張利慎 | バスケットボール | ベルリン | 3回戦敗退 |
| 廉殷鉉 | バスケットボール | ベルリン | 3回戦敗退 |
| 李奎煥 | ボクシング | ベルリン | 1回戦敗退 |

大日本体育協会『第十回オリムピック大会報告書』および『第十一回オリムピック大会報告書』参照。

族の選手が登場することはスポーツ選手を通して日本と朝鮮の双方のナショナリズムが交錯する可能性を秘めていたと考えられる。

Ⅵではそうした二つの力のせめぎ合いのはざまにおかれた朝鮮人選手に焦点を当て、当該期の朝鮮人選手のオリンピックへの参加とその意義について考えてみたい。

## オリンピックへの初参加

植民地期に日本代表として朝鮮人選手が、初めてオリンピックに参加したのはロス五輪である。これは、この時期の朝鮮で優秀な競技成績を残すスポーツ選手が出てきていたことを意味し、その典型がマラソンであった。ロス五輪を五年ほど遡った、一九二七年の朝鮮神宮競技大会での馬鳳玉《マ・ボンオク》という朝鮮人選手の活躍が嚆矢《こうし》である。第三回朝鮮神宮競技大会でマラソンが採用され、この大会のマラソンを制すると、続く一九二八年の第四回朝鮮神宮競技大会においても優勝し、馬鳳玉はマラソン二連覇を果たした。その後に金恩培《キム・ウンベ》らが続く。

表5のようにロス五輪には、マラソンで金恩培と権泰夏《グォン・テハ》が、ボクシングでは黄乙秀《ファン・ウルス》が参加している。それではロス五輪代表に選ばれたひとり、金恩培はどのような選手だったのかをみてみよう。

金恩培は、もともとトラック競技で好成績を残していた。『アスレチックス』には、当時の陸上競技の記録が年度別に優秀記録ランキングとして出ているが、それによると金恩培は、一九三〇年に五千メートル競走において、一六分三六秒六という記録で一四位の位置につけている。さらにロス五輪の前年の一九三一年には、マラソンを二時間三四分五八秒という記録で走り切っており、この年度の三位にランキングされていた。このころ、朝鮮総督府に勤めていた鈴木武は、金恩培について以下のように評価している。

金君は今京城に在る鮮人の中学校養生《ママ》高等普通学校の四年生です。今年の神宮競技でマラソンに二着に入つて而も二時間三十四分五十八秒と云ふ日本に於ける第三番目の優秀記録をつくつたので一躍斯界に知れ渡つた人ですが、実は朝鮮内に於ひての彼の名声は昨日今日に始まつたものではないのです。尤も彼のマラソンに出場したのは今秋を以て嚆矢とするので従来五千米、一万米に毎年々々朝鮮の記録を更新して来た人なのです。

（中略）そして明治神宮競技の折は期待をかけながらも未知数、無経験の事とて彼も監督も全く頭を悩ましました。コースに不慣れの事、気候の異なる事、生活の違ふ事は金君にとつて確かに大きなハンデイキヤツプだつた様です。（中略）実力は決して優勝者に劣つて居るものではなかつたのですから、むしろ若くて充分なる期待を持てる同君の将来を私は囑望して居ります。（中略）

金君は今耐久力の養成のために午前の暖かい時間を選んで二回宛《ママ》アスフアルトの道路を走つてゐます。朝鮮の冬は全く内地とは違ひますから来春までに相当考へてやらねばならないと思つて居る次第です。而して来春は更に日本の期待にそふだけの彼に仕上げてお目にかけたいと思つて居ります。（鈴木武「待望の新人　金恩培君の事ども」『アスレチックス』第一〇巻　第二号、大日本体育協会、一三三―一三四頁、一九三二年）

このように金恩培は、日本の競技力向上を担うスポーツ選手として期待されていたことがわかる。またこうした言説は、朝鮮人選手に対する日本側の認識のあり方をうかがわせる。

それではもうひとりのマラソン代表、権泰夏はどうだったのか。先ほどの年度別のランキングによると、権は一九三一年に一万メートル競走で三三分一六秒六というタイムを出し、その年度の六位にランクインしている。しかし権泰夏が最も良い結果を出したのは、一九三二年の第一九回全日本陸上競技選手権大会、すなわちロス五輪の全日本予選会のときだった。悪コンディションのなかで行われた大会だったため、タイムはそれほどではなかったが、なみいる強豪を振り切ってみごと一位でゴールインし、オリンピック代表の座を手に入れている。朝鮮のスポーツ界でともに陸上競技で活躍していた山根健一は、権泰夏がロス五輪の代表に選ばれたことについて、以下のように述べている。

権君と私とは競技種目に於ては異つては居りましたが、お互に欠点に注意し合ひ又激励もし合ひました。

権君は学校生活六年間本当に恵まれざる選手でした。でも屈することなく只黙々として練習を続け今日の栄誉を克ち得たことは、彼権君の耐ゆまざる努力に依ると信じて居ます。

第二次予選に於て未経験なマラソンに出場し、古豪津田、高橋及び矢萩塩飽の強豪を抑へて拍手と喚声の湜巻《ママ》の中にテープ切らうとは誰が想像したことだらう。

あの悪コンデイシヨンに打ち克つた彼のフアイテングは、必ずやロサンゼルス大スタヂアムのメインマスト捍頭に日章旗を掲げるであらう。其の日を想像すると胸は躍ります。（山根健一「先輩僚友をオリムピックに送りて」『アスレチックス』第一〇巻　第八号、大日

本体育協会、六三―六四頁、一九三二年）

上記から競技生活のなかで、山根と権が互いに尊敬しあう関係であったことがわかる。選手たちにとっては民族という枠に左右されず、仲間としてスポーツに取り組んでいたことをうかがわせる事例のひとつだろう。

代表を決定する予選会では権が一位、金が二位、津田が三位となり、この三人がマラソンの日本代表としてロス五輪に出場することとなったが、上記のような期待とは裏腹に代表となった金恩培と権泰夏は、日本の専門家からはそれほど期待されていたわけではなかった。特に予選会で優勝した権は「フロック」だと思われていた節があり、津田晴一郎の引き立て役程度にしか期待されていないようだった。実際のロス五輪での順位は、津田が五位、金が六位、権が九位という結果であった。



### オリンピック参加の意義

オリンピックの代表選手に選ばれた金恩培・権泰夏らの活躍を、朝鮮の人々はどのようにとらえていたのであろうか。オリンピックの予選会で権が一位、金が二位となり、代表選手に選ばれることになると、Ⅳでみたように『東亜日報』（一九三二年六月二日）で、「朝鮮青年

の世界的進出　権金両君の壮挙」と題した社説が掲載され、両選手の活躍は朝鮮民族の栄誉であると主張された。すなわち支配をうける民族の劣等感を払拭させる機会となっていたのである。国際スポーツの舞台に民族の代表が参加することの意義は、ロス五輪がはじまる直前の『三千里』に、三名の朝鮮人選手の経歴が詳細に紹介されていることからもうかがえる。朝鮮の人々は、被支配者として感じざるをえなかった民族的劣等感を、世界に伍する若きスポーツ選手らの身体能力によって、払拭する機会を得ようとしていたのである。

写真18　ロサンゼルスでの歓迎会（『한국스포츠100년』）

　金恩培・権泰夏・黄乙秀の三名は、オリンピック参加のためアメリカのロサンゼルスに渡った。そこには移民としてアメリカで生活する在米コリアンが多く存在しており、コリアン・コミュニティーを形成していた。オリンピックに出場する三名は、当初彼らから大歓迎をうけている（写真18）。しかし金・権・黄の三名は、朝鮮人でありながら日本の代表選手であったために、三名が身につけていた日本のユニフォームをみて、多くの在米コリアンが不信感をもち、怒りを露わにする者もいた。なかには三名の選手と大日本体育協会の役員であった李相佰《イ・サンベク》に対して「日本の戦士たち」といいはなち、彼らのオリンピック参加に対して非難を浴びせる者までいたのである。

国際スポーツの場に、朝鮮人が日本代表として参加している事実は、国際社会に対して日本の植民地政策が成功裏に遂行されていると印象づける可能性もあった。日本に対する反発もさることながら、民族運動を展開してきた人々は、政治的なにおいを敏感に感じ取っていたということであろう。

朝鮮人選手にとってオリンピックという国際的舞台に立つことは、宗主国側の組織内に組み込まれることを前提としており、世界で活躍しようとすれば、宗主国日本を経由せねばならないというジレンマを抱えざるをえなかった。朝鮮人でありながら日本代表になるということの意味は、日本人以上の身体能力をもつ朝鮮人青年への期待が朝鮮民族のナショナリズムを喚起し、彼らのプライドを刺激するものではあったが、同時に彼らを内鮮融和の象徴へとおとしめる危険性をはらんでいたのである。

『大韓体育会九〇年史』には、代表選手のひとりであった金恩培が在米コリアンたちの催してくれた歓迎会で、壁にかけられている太極旗《たいきょくき》を初めてみたと記されている。さらに競技時に、同胞が太極旗を振って応援してくれる姿に、金恩培は祖国を感じたのであった。周囲からはどのようにみられようと、選手は自分たちのうちに朝鮮民族を感じていた。

## 朝鮮人選手らの葛藤

一九三六年のベルリン五輪ではロス五輪よりも朝鮮人選手は増えて、七名が参加している。マラソンの孫基禎《ソン・ギジョン》、南昇龍《ナム・スンヨン》、サッカーの金容植《キム・ヨンシク》、バスケットボールの李性求《イ・ソング》、張利慎《ジャン・イジン》、廉殷鉉《ヨム・ウニョン》、ボクシングの李奎煥《イ・キュファン》である。ロス五輪以降の植民地朝鮮の人々のスポーツへの関心は、代表選考にも影響を与えたものと思われる。以下では、代表選考をめぐるいくつかの事例をみてみたい。

一九三六年五月にはベルリン五輪のマラソン代表を決める予選会が行われ、南昇龍が一位、孫基禎が二位、三位が鈴木房重、四位が塩飽《しあく》玉男であった。ロス五輪の予選会での選考の仕方に、若干の修正が必要だと考えた全日本陸上競技連盟は、三名の代表をオリンピック直前に、現地で決定するというイレギュラーな方法を取ることにし、この四名を候補としてベルリン入りさせることになった。このときのことについては、鎌田忠良の著書に詳しい（鎌田『日章旗とマラソン』）。現地で最終の代表選考を行うことは朝鮮人選手、とりわけ南の猜疑心を掻き立て、決定が下されるまではかなり神経質になっていたようである。しかし南の不安は現地での最終選考の結果によりようやく払拭され、孫、南、塩飽の三名が代表として出場し、孫・南のメダル獲得へとつながっていく。

ベルリン五輪の代表選考で顕在化したのは、朝鮮人選手の葛藤である。南昇龍が代表に決定するまで神経質になっていたのも、朝鮮人であったからという点に帰する。朝鮮人であるがゆえに選手は、どのようなことを考えねばならなかったのか。バスケットボールでは、延禧《ヨンヒ》専門学校出身の三名の朝鮮人選手が代表に選ばれていたが、そのひとり廉殷鉉《ヨム・ウニョン》は当時を振り返って、以下のように語っている。

ベルリン・オリンピックでは、その代表候補選手に延禧専門から李性求、張利慎、私の三人が選ばれた。当時の韓国は日本の政治的支配下にあり、日本人でない我々は、韓国元老の方々にその参加可否を打診した。元老連から懇ろに参加を慫慂され、盛大な歓送会が何回も開かれた。（日本バスケットボール協会編『バスケットボールの歩み　日本バスケットボール協会五〇年史』日本バスケットボール協会、一九八一年、一一〇頁）

スポーツ選手としてオリンピックという華やかな舞台に立ち、メダルを獲得することが夢であるのは、昔も今も変わらない。しかし当時の朝鮮人選手のなかには、「日本代表」をめざしつつ、一方でその立場に引け目を感じている者もいて、朝鮮民族のナショナリズムと宗主国とのせめぎ合いのなかで、自身の立ち位置や方向性の判断に迷いが生じていた。その迷いから抜け出すには、朝鮮人を代表する民族主義者らの支持を取りつけること、ないしは後押しを得ることが必要だった。

次に金容植の場合をみてみよう。大島裕史はベルリン五輪のサッカー代表の選考についてふれ、当時のサッカー界にあって、朝鮮チームの活躍は目を見張るものがあり、朝鮮サッカー界の重要人物が呂運亨《ヨ・ウニョン》（写真19）であったとする（大島『日韓キックオフ伝説』）。

写真19　全朝鮮蹴球大会で祝辞を述べる呂運亨
（『한국스포츠100년』）

ベルリン五輪前の日本で開催された、全日本選手権大会と第八回明治神宮体育大会の両大会で優勝したのは、朝鮮から出場していた京城蹴球団であった。朝鮮のサッカー関係者は、当然オリンピック代表選手の多数が朝鮮人選手であろうと考えていたが、結果は金容植と金永根《キム・ヨングン》の二名のみの選出であった。朝鮮蹴球協会はこの選出に抗議をする。その抗議を行ったのが、当時朝鮮蹴球協会の会長であった呂運亭である。呂は大日本蹴球協会が朝鮮側の抗議に対し態度を変えないことに憤慨し、金容植と金永根の二人に参加を辞退するようにうながしたとされる。その後、金容植と金永根はどのような判断をしたのか。二人は以下のような経過をたどることになる。

いずれにせよ私［金容植］と金永根は一九三六年初め東京に渡り、早稲田大学のグラウンドで三週間訓練を積み、一旦帰国しました。一週間後、最終エントリーが発表されたが、金永根は候補に選抜されたに止まり、私だけ正選手となりました。全くあきれたことでした。当時攻撃の選手としては朝鮮八道と日本全体をくまなく探しても金永根ほどの人材はみつからなかった。ところが彼が落ちてしまい、いくら考えてもやりきれないことでした。

自尊心が傷ついた金永根は候補選手が一体何んだと興奮し、それ以上努力することをやめ平壌に帰ってしまった。問題はひとり残った金容植だった。そんな日本チームに行くことはないという主張とそれでも朝鮮蹴球の名誉にかけて参加しなければならないという主張がぶつかり、蹴球界はざわついていた。（中略）

結局私は普専蹴球部長の洪性夏《ホン・ソンハ》教授と法律学の教授玉璿珍《オク・ソンジン》先生に相談し、先進の

国々の技術を学ばねばならないということで行くことを希望されたんです。それで再び日本に渡っていったのです。（윤경헌・최창신『이야기―한국체육사③ 축구①國技축구―그 찬란한 아침』국민체육진흥공단、一九九七年、二七六―二七七頁）

金容植の証言によると、金永根はレギュラーではない補欠選手として扱われることを嫌い、自尊心から代表を辞退したようであるが、日本チームへの不信感と先の呂運亨の言動の影響も無視できない。代表をみずから辞退するということは、スポーツ選手としては相当な覚悟であったと思われる。金容植も葛藤に苦しんだが、彼のオリンピック参加を後押ししたのは、彼が所属していた普成専門学校の教授たちである。

当該期における朝鮮知識人にとって、民族の優秀性を示すことは非常に大きな意味があった。廉殷鉉の場合もそうであったが、たとえ「日本代表」だとしても、朝鮮民族の優秀さを国際スポーツの場において発揮してくれることが、知識人の論理に適《かな》うものだったのである。呂運亨の言動も同様の期待からなされていると考えられる。

民族の優秀性を主張することは、植民地支配をうけていた朝鮮人の状況と世界の思潮傾向、とりわけ優生学との関係は無視できない。一九三四年に朝鮮優生協会が朝鮮人医師李甲秀《イ・カプス》の主導により発足するなど、植民地期において優生学への関心の度合いは増していた。さらに一九三五年には、朝鮮優生協会主催、東亜日報社学芸部後援で優生問題大講演会が開催されており、その議題のひとつに、呂運亨による「体育と優生」といった講演内容が盛り込まれていたことは、体育・スポーツと優生学の関わりを如実に表している。すなわちこうした優生学的思想が、民族の優秀性を規定する合理的根拠として朝鮮知識人に受け入れられ、「身体」的に発展した状況と朝鮮人選手の国際スポーツへの参加とが同一視されていたのである。

このような優生学の思潮もあいまって、民族主義者のスポーツ選手への期待が、オリンピックへの朝鮮人選手参加をうながしたものと考えられ、この後に孫基禎のマラソン優勝によって引き起こされた、日章旗抹消事件の背景として確認されるべき事実であろう。

## 期待と苦悩のはざまで

Ⅵでは植民地朝鮮からオリンピックに参加した朝鮮人選手に着目し、日本のオリンピック代表選手という立場と植民地支配をうける朝鮮民族であることが、彼らを一種のジレンマに陥れ、最終的に彼らが、日本の代表選手としてオリンピックに参加していくことになった経緯についてみてきた。

朝鮮人選手が日本代表としてオリンピックに参加したのは、一九三二年のロス五輪からであり、この大会には三名の朝鮮人選手が参加している。とりわけ植民地朝鮮でも、その当初から競技力の高かったマラソンには、金恩培・権泰夏という二名の朝鮮人選手が日本代表予選を勝ち抜いてオリンピックに参加し、金恩培は六位、権泰夏は九位という結果を残している。国際スポーツでの彼らの活躍は、植民地支配を甘受する朝鮮民族の劣等感を昇華させる役割も果たしていた。

またベルリン五輪には、七名の朝鮮人選手が日本代表として参加していたが、選手選考の過程で朝鮮人選手は、朝鮮民族と日本とのはざまにおかれて、苦しい立場に陥っていた。しかし朝鮮知識人の価値観のなかには、当該期の優生学の思想の影響もあり、国際スポーツの場に朝鮮人選手の参加が望まれ、朝鮮人選手のオリンピック参加をうながしたことが確認され、参加を後押しすることになっている。

この当時の朝鮮知識人の志向は、朝鮮民族をいかに「近代化」させるかにあった。スポーツの娯楽性・可視性は、朝鮮民族・朝鮮の大衆に多大な影響を与える可能性があり、スポーツという西洋の文化を朝鮮半島に広げ、さらにオリンピックという国際舞台へ朝鮮人選手を参加させることは、まさに朝鮮知識人の理想に符合していた。朝鮮知識人の領袖の判断が、朝鮮人選手らの選択に大きく作用したことは、Ⅵにおいて述べてきた通りである。一方で日本は好記録をもつ者であれば、オリンピックの代表選手に朝鮮人を採用している。とりわけマラソンのような競技は、記録と結果が明隙であるだけに、強い者を代表選手とすることにはなっていたが、選考に対する朝鮮人選手のぬぐえない不安が垣間見られたのは、植民地期ならではの問題であったと考えてよいだろう。

Ⅵでみてきたように、スポーツ活動が国際的意義をもつ部分においては、朝鮮知識人も朝鮮人選手も単純な抵抗を示していたのではなく、彼らなりの苦悩と理想のなかで、時宜に沿った選択をしていたと考えるべきであろう。こうした点を明らかにしていくことで、彼らの抵抗のかたち、すなわち植民地朝鮮における朝鮮民族のナショナリズムのありようが、スポーツを通してみえてくると考える。

## VII　スポーツの英雄と対日協力——孫基禎の栄光と憂鬱

### 孫基禎体育公園

二〇一二年九月、地下鉄ソウル駅を上がってソウル駅の正面に出ると、それまでにみたことのない像が立っていた。それは姜宇奎《カン・ウギュ》の像だった。一九一九年九月、朝鮮総督に就任する斎藤実を暗殺するために、ソウル駅で斎藤に爆弾を投げつけた人物である。彼の放った爆弾は三七名の死傷者を出したが、斎藤はほぼ無傷だったという。姜宇奎は西大門《ソデムン》刑務所で一九二〇年十一月に絞首刑となっている。義士として崇められる人物を象った像の周りは献花で彩られており、正面には「大統領　李明博《イ・ミョンパク》」（二〇一二年当時）と書かれた献花が飾られていたのが印象的だった。

その姜宇奎像を背にしてソウル駅にまたがる歩道橋を越えると、青坡路《チョンハノ》という道路に出る。そこから西南に延びる道を少し行くと、細い坂道がみえてくる。その坂道を孫基禎路《ソンギジョンノ》といい、ほんの数分その坂道を上れば、孫基禎体育公園に到着する。

この公園は、かつて孫基禎が通った養正《ヤンジョン》高等普通学校（後に養正中学校）跡地であり、ソ

写真20　養正中高等学校校舎跡　著者撮影

写真21　孫基禎像　著者撮影

ウル駅からさほど離れてはいない（写真20）。そこには校舎が残っていて、なかに入ると孫基禎にまつわる記念品の数々が展示されていた。スポーツ施設と一体となった園内には、孫基禎がベルリン五輪で優勝したときのゴールテープを切るシーンが象られた銅像（写真21）、孫基禎の大きな顔だけの像や孫基禎の偉業を説明するレリーフ、ベルリン五輪の優勝を記念してヒトラーから送られた月桂樹の木も植樹されていた。確かにこの地で英雄・孫基禎は走り、ソウル駅からベルリンに向けて出発する列車に乗り、そしてこの地に戻り、讃えられる存在となった。

二〇一一年に大韓体育会では、これまでのスポーツ選手のなかでも、特に優秀な成績をおさめた者、あるいは国家のスポーツ事業に多大なる貢献をした者を、国家のスポーツ英雄として顕彰する作業をはじめ、この年は二名のスポーツ選手がスポーツ英雄として選出されている。そのひとりが、ベルリン五輪のマラソンで優勝した孫基禎であった。

韓国内の孫基禎に関する研究は、国家の英雄を讃える事業が推進されていくなか、彼の業績を再検討して讃えるものがほとんどであり、英雄を客観視し、批判的考察を加える研究は皆無であるといってよい。ソウル駅―姜宇奎像―孫基禎体育公園という短い距離、あるいはその連鎖する空間を歩いただけでも、批判的研究が韓国内では不可能であることは容易に理解できる。

Ⅶでは、宗主国日本と植民地朝鮮のナショナリズムのはざまにおかれ、これまであまりふれられることがなかった孫基禎の対日協力行為について考察してみたい。ここでの記述は英雄をおとしめようとするものではなく、なぜ彼が対日協力行為をせざるをえなかったのか、それをオリンピックという国家の英雄を生み出すシステムとの関連を考えあわせ、さらに植民地権力とナショナリズムの摩擦のなかで規定された行為であったと想定しながら議論を進めてみたい。

## 孫基禎の優勝と日章旗抹消事件

ベルリン五輪のマラソンで孫基禎が二時間二九分一九秒という記録で優勝し、みごと金メダルを獲得する。また南昇龍《ナム・スンヨン》も三位と健闘して銅メダルを獲得するなど、朝鮮人選手のマラソンでの活躍は際立っていた。しかしその後に起こったいわゆる日章旗抹消事件は、植民地朝鮮の現実を知らしめるものであった。ここでは、孫基禎のマラソン優勝時の各紙で報道された言説を比較してその特徴を分析し、その後に起こった日章旗抹消事件について考察していく。

### ①日本と朝鮮にみる報道の特徴と差異

孫基禎がベルリン五輪のマラソンで優勝したのは、一九三六年八月九日のことだった。八月十日の『読売新聞』の第二面には、「〝マラソン日本〟世界を征服」、「今ぞ成就す二十四年の宿願　孫に輝く〝大会最大の覇者〟　南も憤走して三等に入賞」という見出しで、競技の経過と、日本が初めて参加した第五回オリンピック競技大会（ストックホルム）（以下「ストックホルム五輪」）以来二四年目にして手にしたマラソンの金メダルを讃える記事が掲載されている。また十日の号外は、競技場に入ってくる孫基禎の写真を掲載し、オリンピック特派員であった西條八十《さいじょうやそ》が、「我等の英雄！　弾丸の如く躍り出た小男」という詩のなかで、そのときの孫基禎の姿を、以下のように語っている。

赫ひ夕陽は場内に流れ染めた午後五時半十万の眼は、地下道の口に、磁石のやうに吸ひ寄せられた
その刹那！　砲丸のやうに躍り出でた小男！
孫！　孫！　地下道を走り出て、丘上に燃えるマラソン炬火を仰いだ
小さい彼の身体から、流れた全場を圧する大きな影！
拍手、拍手、歓声、怒濤のやうな歓声！
あゝ、誰れか、今日のこの勝利を期待しただらう
踊れ！　起て！　歌へ！　日本人！
日本は見せた
けふ明瞭《はっき》りみせた
この小男孫のなかに
世界を指導する、躍進日本の勇ましい現在の姿を

（『読売新聞』一九三六年八月十日号外）

このように孫基禎の優勝を、世界のなかの「日本」と重ねあわせながら語る論調となっていることに注意したい。

次に『東京朝日新聞』の報道をみてみよう。八月十日の第二面には、「マラソン廿四年の宿願成る」、「世界に誇れ！　孫選手　見事一着・日章旗輝く　南選手も堂々三着」という見出しで、競技経過の詳細、孫基禎や二位となったハーパーの談話なども掲載している。さらに第一一面には、孫基禎や南昇龍の母校である朝鮮の養正高等普通学校の安《アン》校長が喜びで涙する様子を掲載するなど、両選手の地元の声も報道していた。翌日の八月十一日の第三面には、「半島選手の勝利」という記事が掲載されている。この記事は、朝鮮半島に対する日本側の認識を象徴する記事でもあるので、以下にみてみたい。

オリムピツクの陸上競技は、マラソンの優勝によつて、華々しき幕を閉ぢたのであるが、その日章旗の掲揚が、半島選手の健闘によつてなされたことは、意義深いと思ふ。それは二十余年の歴史の上に積み重ねられた成績には違ひないが、久しく期待され、幾度か逸せられたマラソン日本の栄冠が、半島の新人選手によつて、「日本」の頭上に載せられたことは、何といつても、特筆されてよいことである。

（『東京朝日新聞』一九三六年八月十一日）

さらに四年後に控えた東京五輪については、「内地人と外地人と、心を協《あわ》せ力を集めて、その偉大なる記念塔を築き上げなければならない」と述べられており、スポーツにおける内鮮融和が期待されていたのである。

これらの言説から、日本側メディアが報じた孫基禎優勝の記事の特徴を確認すると、まず日本が、オリンピックに初めて参加したストックホルム五輪以来、悲願のマラソン優勝であったという点が強調されていることがわかる。これは『東京日日新聞』の論調も同様であった。次に孫基禎・南昇龍は朝鮮人であり、日本の一地方である朝鮮半島から代表として活躍し、日本に勝利をもたらしたことに意義があるという論調になっていて、当時の植民地朝鮮のスローガンであった「内鮮融和」を象徴するような記事になっている点は重要である。このことを端的に示すのは、九月十七日の『東京日日新聞』に掲載された、有高巌の以下のような言葉だろう。

ベルリンのオリムピック大会で孫君がマラソンに優勝したことは、二十余年来の国民の待望を成し遂げ耐久制覇の原因が軀幹の大小によらずして身神の鍛錬に基づくものなるを実地に例証した意義深い事象でありまた特に彼が半島出身であることは内鮮融和の一助ともなるべく種々の点から見てまことに慶賀に堪へない次第である。

（『東京日日新聞』一九三六年九月十七日）

このように孫基禎のマラソン優勝が、直接に内鮮融和に資するといったことが語られており、先の二紙で確認してきたものと同様のものであった。

ちなみに『東京朝日新聞』には、この年朝鮮総督に赴任したばかりの南次郎の談話も掲載されている。南次郎は孫基禎と南昇龍の活躍を聞き、「誠にもつて快い話ぢや、儂《わし》には専門家のいふ記録のことは解らぬが世界一とは実際素晴らしい、殊に孫君の優勝に続ひて南君も三等に入るなどスポーツの世界を離れて考へても非常に意味のある歴史的な大きな仕事だ、両選手の奮闘は一死をもつて軍国に酬ゆる武人の気魄と同じに評価さるべきもの」(『東京朝日新聞』一九三六年八月十一日)と述べ、若き朝鮮人選手の活躍に讃辞を送っていた。

ベルリンでのマラソン優勝の報道のほかに、一九三六年十月発行の『青年』という雑誌には、「半島の生んだマラソン王　あゝ栄冠の陰にこの涙」という題名で、孫基禎を取り上げた記事が掲載されている。挿絵入りで掲載されたこの記事は、孫基禎と南昇龍を日本人の恩人との関係を中心に描いたもので、両者とも貧しい暮らしのなかで苦労し、峰岸や鈴木といった日本人からの援助をうけつつ、栄光をつかみえたという美談をやや道徳的話として展開している。この記事が全国の青年団に配布されることを考慮すると、日本で発行される新聞と同様に、日本人の期待する孫基禎・南昇龍像が描かれていると考えてよいだろう。この記事のなかでは、日本人教員への恩をマラソンでの優勝で報いる朝鮮人孫基禎が描かれており、事実ではあってもその描かれ方は内鮮融和、また支配―被支配の正当性が象徴化されたものととらえられる。

一方で朝鮮側メディアは、孫基禎と南昇龍の活躍をどのように報じたのか。『東亜日報』では八月九日にすでに号外が発行され、その見出しには「世界の視聴総集中裡　堂堂、孫基禎君優勝　南君も三着堂堂入賞へ」とあり、孫基禎と南昇龍の順位とタイムが掲載されていた。さらに八月十日の号外には、九日の号外の記事に加えて朝鮮人数名の談話が掲載されていて、当時朝鮮体育会の会長だった尹致昊《ユン・チホ》は「孫君の優勝は二十億の勝利」という見出しで、「孫基禎君が優勝したといふことはすなはち朝鮮青年の未来が優勝したといふ予言として、或ひは活教訓であると固く信じてゐる。我々朝鮮の青年がスポーツを通してとりわけ二十億を相手にして堂堂たる優勝の栄冠を獲得したといふことはすなはち我々朝鮮の青年が全世界二十億人類に勝利したといふことである。我々の喜びと感激は衰へることがない」（『東亜日報』一九三六年八月十日号外）と語っている。

さらに八月十一日の夕刊には、「世界制覇の朝鮮マラソン　孫・南両選手の偉業」という社説が掲載され、「朝鮮の息子である孫南両君は勿論世界に誇るに値する鉄脚も持つているうへに、世界制覇するさらに固い意志を持つてゐるのである。両君の優勝はすなはち朝鮮の優勝であり、両君の制覇はすなはち朝鮮の制覇である」（『東亜日報』一九三六年八月十一日）と、尹致昊の談話と同様に民族主義的論調で社説が書かれており、孫基禎と南昇龍のメダルの獲得を朝鮮民族の優秀性へと結びつける言説となっていた。そしてこの十一日からは、「朝鮮の息子　孫基禎」という特集記事が十三日までの三日間にわたって掲載され、孫基禎がオリンピックで優勝するまでの軌跡を伝えている。

植民地朝鮮を代表するもうひとつの新聞、『朝鮮日報』ではどのように報じていたのか。『朝鮮日報』においては、Ⅳでみたように八月十一日の第一面に「朝鮮男児の意気　孫基禎の壮挙」という社説が掲載され、朝鮮民族が世界のあらゆる民族に比べても、勝るとも劣らない民族であることの証明として、孫基禎と南昇龍の活躍を評価していた。第二面には「朝鮮の勇名は世界に　偉大なる我々の新英雄　朝鮮青年の新しい歴史を打ち立てる　民族歓喜三千里に充満」という見出しの下で、孫基禎と南昇龍の活躍が大きく取り上げられていた。

次に『朝鮮中央日報』も確認しておこう。『朝鮮中央日報』でも八月十一日の社説に、「マラソン制覇　孫南両君の偉功」という記事が掲載されており、さらに同日の第四面では、「オリンピック『マラソン』に勝利した孫南両君の快報を聞ひて」と題した記事で、孫・南の活躍が朝鮮民族にもたらす影響について言及しており、とりわけこうした勝利が、東洋の事情を知らない外国の人々に、朝鮮民族を知らしめるきっかけになったことを好意的に記述していた。また十三日の紙面では、多くの写真とともに特集が組まれており、祝賀ムードの高まりが確認される。

以上のように、ベルリン五輪での孫基禎と南昇龍の活躍の報じ方は、日本と朝鮮の新聞メディアでは異なるものであった。日本側の報道は、オリンピック初参加以来の念願が、日本の一地域の出身である朝鮮人青年によって成し遂げられたことに対して讃辞の報道を行っており、その報道は内鮮融和を示すものとなっていた。一方で朝鮮側の報道では、孫基禎の優勝を讃えたうえで、この優勝が世界の標準に達した朝鮮民族の優秀性を主張することに最大の力点がおかれている。そしてスポーツ以外の分野でも、世界に伍する日が近いことを期待する主張となっていた。朝鮮側の主張は植民地支配を否定し、植民地支配からの解放を暗に示そうとしていたと考えられる。そのため朝鮮側の論理のなかでは、孫基禎の優勝は「民族」の勝利でなければならなかった。

### ②日章旗の抹消

孫基禎のベルリン五輪での優勝は、これまでみてきたように日本側と朝鮮側とでは、その認識に明らかな違いが確認された。とりわけ朝鮮側にみられた民族主義的傾向は、孫基禎の

写真22　表彰台の孫基禎（『大韓体育会90年史』）

マラソン優勝をめぐって、ある事件を引き起こす誘因になったと考えてよいだろう。それがいわゆる日章旗抹消事件とよばれるものである。まず事件の概要について、以下で確認しておこう。

一九三六年八月二十五日の東亜日報の夕刊に掲載された表彰台の孫基禎の写真には、胸にあるはずの日章旗がなくなっていた。同日の朝刊には同じ写真が掲載されているが、そのときは日章旗があり、意図的に消されたものであることは明らかだった（写真22）。

この日章旗抹消を牽引した人物は、当時東亜日報社のスポーツ記者であった李吉用《イ・キリョン》という人物である。李は東亜日報社設立の一年後にスポーツ記者として入社し、いったん朝鮮日報社に勤めるも、再び東亜日報社へと復帰、スポーツ記者としてスポーツ記事を新聞・雑誌に執筆し、あるときはスポーツ組織の委員や理事としてスポーツ大会の運営などにも携っていた。さらに朝鮮における体育・スポーツの研究を推進するなど、植民地朝鮮のスポーツ界において、最も重要な人物のひとりであったと評価することができる。

李吉用が日章旗を抹消することを決意するまでの行動については、鎌田忠良の著書に描かれており、彼の上司を含めた多くの社員が、彼の行為について支持していたことをうかがわせる（鎌田『日章旗とマラソン』）。そして『東亜日報社史』には、「李吉用体育部記者が調査部所属本報専属画家李象範《イ・サンボム》記者に日章旗処理を議論したのだが、その時二人はただにっこりと笑っただけで特に言葉を交わすことはなかった。以心伝心、差し出した者も受けた者も互いに意思が疎通していた」と記されており、日章旗の抹消は着々と進められていった。

ただ日章旗の抹消はこのときが初めてではなく、ロス五輪のときに金恩培選手の胸の日章旗を消して掲載した経験があり、孫基禎の胸の日章旗抹消が、その後の大きな事件に発展することが想定できていたかどうかは疑義の残るところではある。いずれにせよこの行為が、孫基禎の優勝を「日本人」の優勝とはしたくない朝鮮民族のナショナリズムが生んだものであったことは再確認される。

それではこの日章旗抹消事件をうけて、当局はどのように反応したのか、またこの事件に対して、どのような認識を示していたのか。事件後に総督府の警務局局長は、以下のような発表をしている。

東亜日報は今回発行停止処分に附せられました。先日伯林《ベルリン》に開会されました世界オリムピック大会のマラソン競技に我が朝鮮出身の孫基禎君が優勝の月桂冠を勝得た事は我が日本全体の名誉であつて、内鮮共に大に祝賀すべきものであり、且つ又内鮮融和の資となるべきものでありまして、苟且にも之が逆用せられて少しでも民族的対立の空気を誘致するようなことがあつてはならないのです。然るに事実は新聞紙等の記事にして動もすれば対立的感情を刺激する如き筆致に出づるものがあるのは、一般に遺憾とせられて居つた処であります。（森田芳夫「孫選手のマラソン優勝と日章旗マーク抹消事件」『緑旗パンフレット第五輯』緑旗連盟、一一二―一一三頁、一九三六年）

こうして朝鮮民族のナショナリズムを煽ったという咎《とが》により、『東亜日報』は八月二十九日付をもって発行停止処分となった。植民地期の発行停止処分は、これが四度目であったが、このときの発行停止処分は九ヶ月間に及び、経営のうえでの損害は甚大なものになったという。この警務局局長発表にみる日本側の認識は、先にみた日本の新聞報道とほぼ同様であるが、孫基禎の優勝は日本の勝利であり、この優勝は「内鮮融和」に資するように利用されるべきであり、民族的対立に利用されてはならないとした点は確認しておきたい。

孫基禎の優勝を朝鮮民族の勝利とし、民族主義的報道を行うことは、植民地社会の安定を望む当局にとって当然危惧せざるをえない事態であった。さらに日本の象徴である日章旗を抹消する「非国民」的行為に対しては、法に照らして取り締まることで対応していったのである。また当局の動きに呼応して、大東民友会という朝鮮人で組織された親日団体は、以下のような声明を発表している。

吾人は先づ孫君の優勝を朝鮮人のみの栄誉とする偏狭な態度を拒否しなければならぬ。孫君の出場が日章旗の下で行はれ、その競技が日章旗の翩翻と全日本国民の歓呼の中に於て獲られたところのものであると云ふことを忘れてはならぬ。今回の孫君の優勝を通して内鮮両族の心臓と心臓とを貫く共通の歓喜と感激とが如何に両民族の感情と情緒の融合を齎したことかを想はなければならぬ。（森田芳夫「孫選手のマラソン優勝と日章旗マーク抹消事件」『緑旗パンフレット第五輯』緑旗連盟、一三頁、一九三六年）

ここでも孫基禎の優勝は、日本と朝鮮の融和を示すものとして理解され、孫基禎の優勝を朝鮮民族のものとする民族主義的論調や主張を退けている。

またこの声明では、孫基禎の出身校である養正高等普通学校の陸上競技部でマラソン選手を指導した峰岸昌太郎を讃えたうえで、「へだてなき内地人の熱ある指導を論外に、孫君の優勝は全く考へられぬ所、而も今次の大会に日本のコーチの下に指導され、日本選手として出場して勝ったのである」と、日本人指導者たちの功績を強調している（写真23）。

このように日章旗抹消事件は、総督府によって東亜日報などの発行停止処分というかたちで一応の解決をみた。しかしこの事件によって明らかになったのは、世界一になった孫基禎をめぐって植民地社会における支配と被支配の対立が顕在化し、「内鮮融和」というスローガンの下での懐柔的な政策が、決して植民地朝鮮の社会の安定化をうながさないということであった。

**写真23　養正時代の孫基禎**（『大韓体育会90年史』）
左から２番目が孫基禎

文化政治から転換した宇垣一成による心田開発運動や国民精神作興運動など、後の南次郎による皇民化政策の土台が築かれていくなかで起こったことを考えあわせると、宇垣の政策は浸透せず、植民地政策の限界を示していた。ゆえにその後の皇民化政策は、「内鮮融和」から「内鮮一体」といったより強制的スローガンの下で展開されていったのであり、スポーツという人々を熱狂させ、ナショナリズムを高揚させる文化に対する宗主国側の警戒感は、その後の支配政策にも反映されたとみることができよう。

## 英雄としての孫基禎

ベルリン五輪での孫基禎のマラソン優勝は、日本にとっても朝鮮民族にとっても喜ばしいものであり、それぞれに意味ある金メダルとなった。しかし植民地朝鮮においては、その熱狂のなかで日本の論理を忌避したい民族主義的動きが、抵抗の行動へと転化していく。東亜日報社・朝鮮中央日報社による日章旗抹消事件は、そうした民族的抵抗を示した行動であった。この事件は朝鮮人の民族意識の強さを表出したものの、当局から徹底的に弾圧され、その余波は英雄・孫基禎にまで及んでいくことになる。以下では、日章旗抹消事件後の孫基禎が宗主国と朝鮮民族のナショナリズムの相克のなかで陥らざるをえなかった状況を、彼の言動に着目しつつ検討してみる。

### ①警戒される存在

朝鮮人のスポーツに対する日本側の警戒は、一九三〇年前後の外務省の史料のなかでいくつか確認される。これらはいずれも朝鮮蹴球団に関するものであり、朝鮮蹴球団の海外遠征に際して、その動静を外務大臣宛てに報告したものであった。日本側の警戒はいかなるものだったのか、一九三五年の広田弘毅外務大臣に宛てた天津の川越総領事の報告では、以下のように記されている。

朝鮮蹴球団（約三十名）ハ昨年ノ例ニ倣ヒ本月廿一日平城《ママ》発廿四日頃当地着更ニ上海ヲ経テ東京ニ赴ク予定ナル趣当地朝鮮人会ニ入報アリタル処其ノ時機偶々満洲国陛下御渡日ト相前後シ居リ目下南京ニ於ケル朝鮮義烈団政治訓練第四期生ヲ募集中ニテ各地ニ同志ヲ派シ工作ヲ進メツツアリ等警戒スヘキ情報サヘアリ一般鮮人ノ行動特ニ注意ヲ要スル際右蹴球団ノ来津ニ依リ各地ヨリ多数ノ鮮人入込ムニ於テハ警衛ノ措置ニ頗ル困難ヲ来ス惧アル次第ニ付此ノ際右団体ノ渡支ハ成ルヘク見合セシムル様御取計アリ度シ上海、満ニ転電セリ。

（体育並運動競技関係雑件　第四巻九、朝鮮蹴球団関係、一九三五年三月八日、八九頁）

この報告の結果、桑島東亜局局長より朝鮮総督府警務局局長宛てに、朝鮮蹴球団の遠征延期の電信がなされ、実際に遠征の延期が決定されている。また朝鮮蹴球団の遠征の際に、民族主義者である呂運亨が選手に激励の辞を送るとともに、民族の団結を主張する演説をしていることから、民族主義者の動きを把握していた当局のスポーツに対する警戒感が強くなり、遠征延期の決定に影響を及ぼしたものと考えられる。

以上のことから日本側の朝鮮蹴球団への警戒は、朝鮮蹴球団というスポーツ組織が中国を経由しながら遠征していく過程で、それに乗じて朝鮮人たちが特定の場に集まり、なんらかの政治的行動を起こすのではないかという懸念と警戒から生じたことがわかる。

それでは孫基禎・南昇龍の場合はどうだったのか。日章旗抹消事件は孫基禎を警戒すべき存在へと変えた。孫基禎が朝鮮半島に戻ってくることによって噴出する朝鮮民族のナショナリズム、それを契機に群がるであろう朝鮮の民衆に対する警戒感が強まったことは、これまで考察してきた点からみても否めない。そのことを端的に示す史料が、内務省警保局の『特高外事月報』である。

一九三六年八月分の『特高外事月報』の「朝鮮人の運動状況」には、孫基禎と南昇龍のベルリン五輪での活躍により、民族主義運動が高まってきていることに注意をうながす報告がなされている。報告は民族主義運動が高まった背景として、「帝都反乱事件」後に、一部の朝鮮人に「国体に体する国民の確信に動揺を来しつゝあるが如き謬想」を抱かせるようになったとし、その後は以下のように続く。

更に第十一回オリンピック大会に於ける孫基禎、南昇龍選手の優勝は、一般朝鮮人に多大な衝撃を与へ、「全国民の二十四年来の宿望達成」として、内地人の歓喜に相和する者ある一面、一部偏狭分子に於ては、之を以て「朝鮮民族の優秀性を証名《ママ》せられたり」と為し、或は「両君の優勝は即ち朝鮮の優勝であり両君の制覇は即ち朝鮮の制覇である」として極力民族意識の誘発とその昂揚に努むる所あり、為に一時沈衰せる民族主義運動も、最近台頭の傾向頓に濃厚となれり。

（内務省警保局『特高外事月報』昭和十一年八月、九九頁、一九三六年）

これまで述べてきたように、孫基禎と南昇龍の活躍を「朝鮮民族の優秀性の証明」とする主張、それが民族主義的活動を誘発しているのである。続けて『特高外事月報』は、朝鮮内での民族運動の状況、なかでも優勝報道のあり方や日章旗抹消事件などについてふれ、日本における朝鮮人留学生の行動についても言及していた。

次に孫基禎・南昇龍についての報告があるのは、同年十月の『特高外事月報』である。そこには他の陸上競技選手とともに神戸に寄港し、大阪での歓迎会に出席、翌日東京に向かうにあたり、「当時両選手は、選手隊伍の最後尾に位し、一般鮮人の接近を容易ならしむるが如く、一部民族主義者の意に迎合せむとするやに認めらる、行動ありたり」（内務省警保局『特高外事月報』昭和十一年十月、九六頁、一九三六年）と彼らの様子を報告している。孫基禎と南昇龍の行動に不信な点があれば、たとえ些細なことであっても、報告されていたことがわかる。

特に孫基禎の場合は、「在独中孫基禎は、多数の外国人よりの「サイン」の求めに応じ「KORE（高麗《コリョ》）孫基禎」と記する等、不穏当の挙措」があったとされており、オリンピックが行われたドイツにあっても、孫基禎の行動は観察・監視されていたのである。そしてベルリンからの帰国に際しては、孫基禎・南昇龍が戻ってくることによって朝鮮人の祝賀会などの集まりが行われたり、彼らに群がる民衆が発生するのを避けたい当局は、以下のように取り締まりを行った。

孫南両選手は、帝国代表選手として出場し之が優勝に関しては、指導者竝国民の熱烈なる指導後援に依る所多く、従つて今回の優勝帰朝に際しても、全国民的に祝福歓迎すべきことに属す。従つて既に上陸第一歩に於て、〔全〕日本陸上競技連盟の歓迎会あり、帝都に於ても、大日本体育協会、東京市等其他公の機関に於て盛なる歓迎会開催の計画あるを以て朝鮮人独自の歓迎会開催の要なしと認められ、一面前叙の如く内外に於ける民族主義運動は、両選手の帰朝を契機として相当高潮化するやの状勢にあり、斯る際朝鮮人のみを以てする別個の歓迎会慰安会等の開催を許すに於ては、民族的感情の趨く所、内鮮人対立の気運を醸成するの虞なしとせざるものあるに鑑み、警視庁に於ては朝鮮人のみの歓迎会等は一切認めざる方針を採り、前記在京朝鮮人の歓迎計画に対しては、諭旨中止せしめ、都下各大学朝鮮留学生の秋季陸上運動会に対しても、歓迎空気の鎮静後開催せしむべく延期方を諭旨する等、厳重取締を加へ凡ゆる不穏策動を阻止せり。

（内務省警保局『特高外事月報』昭和十一年十月、九七頁、一九三六年）

このような厳重な取り締まりの下では、孫基禎と南昇龍を朝鮮民族で祝うことはできなくなったのである。日本側が日本人と朝鮮人の対立を回避し、高まる朝鮮人の民族運動を鎮静化させることに注意を払っていた状況がうかがえる。

こうした状況はスポーツ界にも当然伝わっていたと思われるが、大日本体育協会の関係者などが、このことに直接ふれている史料は管見の限りみつかっていない。翻って考えると、スポーツ関係者はあえてふれないことにしていたと推察される。たとえば十月三日に、日比谷大音楽堂にて催された、大日本体育協会主催の代表団歓迎報告会での平沼亮三の報告では、ベルリン五輪で日本選手が活躍した種目と選手名をいちいちあげているにもかかわらず、マラソンの優勝に対する評価はしつつも、孫基禎と南昇龍の名前を出していない。これは差別的言動ということではなく、おそらく上記の事件とその後の警戒によって、両者の名前を意識的に伏せることにしたのではないかと理解される。公の場においてはうかつに両者の名前を出せず、それを避ける状況にあった可能性は否定できない。

また同報告では、マラソンの優勝について「やはりコーチが非常によく注意して、非常によく訓示を与へ、選手はこれに絶対服従致しまして、好く走つてあの好果を挙げたのだと私は飽くまで信じてゐるのであります。これはやはり日本の非常に誇るべき美点であるのではないかといふことを感じて参つたのでございます」（平沼亮三「オリムピックより帰りて」『オリムピック』第一四巻　第一一号、大日本体育協会、八―九頁、一九三六年）とも述べられている。ここでもやはり孫基禎・南昇龍の名前は出さず、彼らがコーチに絶対服従するという上意下達の行き届いた関係が日本の美徳であり、その結果がベルリン五輪でのマラソン優勝につながったとしていることがわかる。これをスポーツにおける日本精神の発揮の一例として紹介することで、両選手の活躍をできる限り日本側の期待する方向に沿うものとして伝えていたのである。

このように孫基禎と南昇龍は、ベルリン五輪において輝かしい成績を残した英雄であると同時に、招かれざる者として存在していた。それは植民地朝鮮からの日本代表選手という立場に対して、宗主国日本と朝鮮民族のそれぞれの思惑があまりにも強く反映された結果でもあった。

### ②英雄・孫基禎の葛藤

ベルリン五輪での優勝により日本、そして植民地朝鮮で英雄となった孫基禎は、社会的影響力をもつ存在になった。彼は日本と朝鮮民族を表象する存在としてその後を生きねばならず、それは宗主国とナショナリズムの相克と葛藤のなかに身をおくことを意味していた。

ベルリン五輪後の日章旗抹消事件もあいまって、日本から警戒される存在だった孫基禎だが、その後の行動は宗主国とのつながりが切り離せなくなっていたと見受けられる。日本がアジア・太平洋戦争へと突入し、戦線の拡大と戦況の悪化により、人的資源確保の動きが活発となってきた一九四三年十一月、朝鮮半島北部の咸鏡北道《ハムギョンプット》を訪れた孫基禎は、朝鮮人学生に学徒兵への志願を呼びかける存在となっていた。ベルリン五輪で英雄となった孫基禎は、その知名度ゆえに対日協力に加担せざるをえない存在となっていた。

日本での学徒出陣の後、植民地朝鮮・台湾では「陸軍特別志願兵臨時採用規則」が公布され、植民地からも学徒兵が駆り出されることになった。孫基禎は明治大学の卒業生として学徒先輩中堅団という組織の一員となり、朝鮮人学徒志願兵の募集を呼びかけていくことになった（写真24）。この時期の『京城日報』には、連日のように朝鮮人学徒志願兵に関する記事が掲載されている。

ベルリン五輪時には、日本の植民地政策に賛意を示していたとは思われない孫基禎が、この時期に宗主国の意に沿う行動を取らざるをえなくなった背景には何があったのだろうか。ベルリン五輪後の孫基禎に着目しながら考察してみたい。

ベルリン五輪後に朝鮮に戻った孫基禎は、養正高等普通学校の卒業を迎える年でもあったため、一九三六年十二月に日本の大学への進学を希望し、東京高等師範学校を受験する。しかし翌年の一月の発表で不合格となり、結果、朝鮮の普成専門学校に進学することになったが、普成専門学校での学生生活は長くはなかった。普成専門学校自体が当局からの監視の対象とされていたことから、権泰夏《グォン・テハ》と鄭商熙《ジョン・サンヒ》の後押しをうけて、半年後に再び日本の明治大学へ入学しなおしたという。孫基禎は、一九四〇年三月に明治大学を卒業して朝鮮に戻るまでの間、日本で学生生活を送ることになったのである。

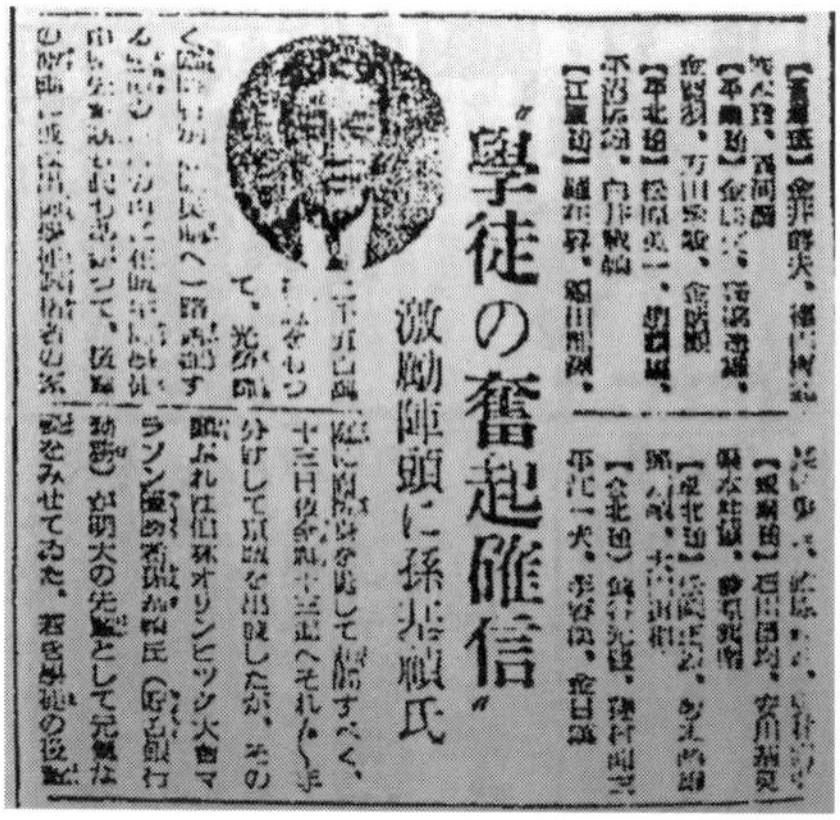
〝學徒の奮起確信〟
激勵陣頭に孫基禎氏

写真24　学徒志願兵を呼びかける孫基禎の記事
（『京城日報』1943年11月14日）

さらに孫基禎は日本代表選手として、その栄誉が讃えられることにもなる。一九三七年一月に、オリンピックなどで活躍した日本人選手とともに朝日体育賞を受賞したのである。そのときの授賞式では、「この賞を持つて国に帰り先生達に早く見せ度いと思ひます、四年の後には東京で必ずもう一度やつてみます」（『東京朝日新聞』一九三七年一月二十六日）と発言し、一九四〇年に開催予定の第一二回オリンピック競技大会（東京）で出走する意欲もみせていた。

しかし孫基禎はその後マラソンを走ることはなく、日本と朝鮮のつながりを示す英雄として表象されるようになる。その典型が、一九三八年十一月の国民精神作興体育大会で行われた矛継走であった。これは伊勢神宮から各府県のランナーたちが聖矛をつなぎながら継走するもので、結城神社、熱田神宮、三島神社、鶴ヶ岡八幡宮などを経由し、最終的には明治神宮にいたるというコースで行われている。矛継走は、大会を彩るイベントとして行われるとともに、神都と帝都を結ぶことを象徴する行事でもあった。この継走の最終ランナーは、ストックホルム五輪のマラソン選手であった金栗四三《かなぐりしそう》であり、その金栗に矛をつなぐランナーとして登場するのが、ベルリン五輪のマラソン優勝者である孫基禎であった。『東京朝日新聞』はそのときの様子を、以下のように報じている。

第二十一区を担当した青山小学校の豆選士小川芳至君（一四）以下四十名は伊勢神宮から護衛バスに積み込んだ炬火六十本に火をつけて赤坂区役所前から外苑入口へ勇ましくひたはしり、こゝに待ち構へたオリンピックの覇者孫基禎君に渡せば孫君は村社講平君以下の衛団に守られて神宮競技場の国民精神作興大会会場へと力走。
会場は既に濃き夕闇に閉され、篝火があかあかと燃へる時しも六十余の炬火が「聖矛」を守つて会場に繰り込む、一万観衆は『万歳』の歓呼を轟かす、ここで最終選士金栗四三君への受継ぎが行はれ君が代斉唱裡に完了。（『東京朝日新聞』一九三八年十一月七日）

その後、聖矛を受け継いだ全日本陸上競技連盟会長の平沼亮三から明治神宮の宮司に矛が手渡され、神殿に奉納されたとしている。このような多くの観衆の前に孫基禎が現れるのは、じつはこのときだけではなかった。一九四〇年に、皇紀二六〇〇年奉祝の大会としても開催された第一一回明治神宮国民体育大会にも、聖火団のひとりとして参列していたのである。このときのことは孫基禎自身が記し、『三千里』に掲載された「体育大祭典参観과朝鮮体育振興에의展望」のなかにある。この第五節は「聖火団에参列」という見出しになっており、その様子は、以下のように記述されている。

紀元二千六百年奉祝第十一回明治神宮国民体育大会の閉会式は惶悚にも三笠宮殿下の台臨を仰奉して十一月三日午後四時五十八分から明治神宮外苑競技場で挙行されたが、輝かしい入賞者三千余名を先頭に大会役員と各府県選手一万五千余名が堂堂入場、そし

> て爆発する感激の歓声と拍手は蜿蜒と入場する各部隊の入場ごとに起こつた。そして脱帽総起立下に厳粛にも聖恩之旗が入場し壇上に奉迎された後最敬礼、そして「君が代」斉唱、宮城、明治神宮、橿原神宮遙拝、その後に明治神宮から捧持してきた聖火の一団が到着したが、先頭には往年のマラソンの覇者金栗四三選手、副捧持者は今回大会のマラソン優勝者竹中正一郎選〇《ママ》、これを再び護衛してマラソン王日比野寛翁と小生とマラソン長距離競走の先輩たちであつた。（孫基禎「体育大祭典参観과朝鮮体育振興에의展望」『三千里』第一三巻　第一号、三千里社、三七五頁、一九四一年）

このように孫基禎は、日本という国家を象徴する重要なスポーツの式典に、オリンピックのマラソンの金メダリストとして参加しており、日本の英雄のひとりとして、その栄誉とともに表象化される存在となっていたのである。当該期の植民地政策のスローガンが「内鮮一体」であったことを考えあわせると、朝鮮民族の孫基禎が日本の英雄のひとりであることは、すなわち日本と朝鮮半島を結びつける英雄でもあり、これら一連の式典への参加は、「内鮮一体」を象徴することになったものと考えられる。つまり孫基禎の意図がどのようなものであったのかにかかわらず、日本の英雄として孫基禎が、対日協力の網の目に組み込まれていったのである。

またベルリン五輪後の孫基禎をみていくときに、もうひとつ重要な視点は彼が日本人、あるいは日本から恩恵をうけている朝鮮人とのつながりを緊密にもっていたという点である。たとえば、学徒先輩中堅団でともに咸鏡北道を訪れた大山寅相こと趙寅相《ジョ・インサン》は、養正高等普通学校陸上競技部の先輩にあたり、彼は総督府の御用新聞であった『京城日報』の政治記者でもあった。朝鮮総督府学務局に勤める鄭商熙《ジョン・サンヒ》も養正高等普通学校陸上競技部の先輩にあたり、ロス五輪で代表選手として活躍した権泰夏は明治大学の先輩であり、満鉄に勤務していた。そして孫基禎自身も朝鮮陸上競技連盟の会長で、朝鮮貯蓄銀行の頭取であった伊森明治に、朝鮮貯蓄銀行での職を紹介してもらったこともあり、孫基禎を取り巻く人々に、日本人あるいは日本の組織に所属する者が多数いた事実が確認される。

孫基禎は自身の対日協力行為について、「私はマラソンで名をあげたということで学徒兵募集に強制動員された。これに応じなければそれこそどんなひどい目にあうかもわからなかった」（孫基禎『ああ月桂冠に涙』講談社、一九八五年、二三一頁）と語っている。確かにその可能性は否定できない。ただ上記で確認してきたように、英雄・孫基禎はこうした人脈によって囲い込まれていたと考えられる。

このように英雄・孫基禎は、帝国日本の重要なスポーツイベントを彩る人物のひとりに数えられるようになっており、かつ当時の彼の生活圏において付き合う人々の多くは、日本と強い関係をもつ人々であったことが確認される。彼の対日協力も、こうした一連の流れのなかで把握されるべきであり、こうした囲い込みのなかで、帝国日本の英雄として象徴化されていったことが、彼の対日協力という行為につながっていったのだと考えられる。このことは日本の英雄でもあり、朝鮮民族の英雄でもあったひとりのスポーツ選手が、この時代を、また植民地朝鮮を、どのように生きねばならなかったのかということの難しさを痛感させられる事実でもある。

## 日本・朝鮮の英雄

Ⅶでは、ベルリン五輪で金メダルを獲得した英雄・孫基禎に焦点を当て、宗主国と朝鮮民族のナショナリズムが、それぞれの表象として彼を英雄視する軋轢のなかで、孫基禎の行動を規定する二つの力が、最終的に彼の行動にどのような影響を与えたのかを明らかにした。

一九三六年八月、ベルリン五輪での孫基禎と南昇龍の活躍は、日本と植民地朝鮮それぞれに熱狂をもたらした。しかし彼らの活躍の報道については、宗主国日本と植民地朝鮮それぞれの認識に齟齬があり、日本では二四年目にして念願のマラソン金メダルを、朝鮮人選手がもたらしたという主唱のなかで「内鮮融和」を謳う一方、植民地朝鮮では民族主義者らによって、「民族の優秀性」が主唱されていた。この相反する二つの認識は、その後に起こったいわゆる日章旗抹消事件に最も典型的に現れ、孫基禎の胸に日の丸のない写真を掲載した東亜日報社・朝鮮中央日報社は無期停刊処分をうける。これは当局が、孫基禎の優勝は内鮮融和に資するものでなければならないと考え、植民地社会の安定を脅かす民族的対立が助長される事態に対して危惧を抱いていたためにとった迅速な処分であった。

孫基禎のベルリン五輪の優勝による朝鮮民族のナショナリズムの高まりは、同時に宗主国側の権力の行使をより強める結果をもたらしたととらえることができよう。ベルリンから戻った孫基禎は、この折り重なる宗主国と朝鮮民族のナショナリズムのなかで生きねばならず、オリンピックを通して英雄となった孫基禎の「身体」は、二つの権力の網の目から抜け出せなくなり、「内鮮一体」の象徴と化すことになっていったのである。植民地期に日本の代表として、オリンピックに出場した孫基禎は、帝国日本のなかに取り込まれ、彼が若き朝鮮人青年らに学徒兵への志願を呼びかけることになったのも、帝国日本の「英雄」であったからだといわざるをえないだろう。

# おわりに——植民地・スポーツ・アリーナ

本書では、植民地朝鮮において展開されたスポーツを、支配する側と支配される側の双方の視角からみてきた。当たり前のことだが、これらの視角を明確に区切って歴史的に分析することは、あまりにも問題を単純化しすぎる。ゆえに本書においては、それぞれが視認する空間のなかに、双方の姿が絡み合いながら展開される空間をみようと試みた。

植民地支配という権力が漂う社会のなかで、一定の規定された行動と志向性が文化に影響を与えることは至極当然のことである。しかし、だからといって一律に人々が行動し、一律の志向にいたったわけではない。植民地朝鮮において共有されるスポーツという場は、本書でみてきた通り闘争と協働のアリーナであった。そこで繰り広げられるゲームは、それに絡む人々のパワーバランスが反映される特別な場でもあり、アリーナはときに小さくときにその大きさを増し、より多くの人々を駆り立てることになっていった。また一方で、そのなかに含まれていかない人々が多数いたことも無視できない事実であり、そこにスポーツの限界はある。

スポーツを通して植民地朝鮮を研究することは、民族運動史などのより緊張感をもった研究とは、若干その雰囲気が異なることだろう。そうした緊迫感をもった視角から、本書で扱ったスポーツをみると、スポーツは「ごっこ」にしかみえないかもしれない。しかしこの「ごっこ」が織り成す場は生が保障され、時空間に規定される特定社会の模倣であることを理解すれば、スポーツが行われた空間に含まれる権力関係、すなわち支配と抵抗と協力の展開される場が、まさにそこにあったと考えてよいだろう。ただそのなかでスポーツをする者たちは、ある者は政治的なことは強く意識せず、またある者は苦悩しながらスポーツの世界を懸命に生きたのである。

最後にもうひとつの事実について確認しておきたい。表6は朝鮮体育会の役員名簿である。朝鮮体育会は一九二〇年に創立され、その後一九三八年までの間、植民地期の朝鮮民族のスポーツ活動を牽引していく役割を果たしたとされ、本書でも若干ふれたように確かに多くのスポーツ競技大会を主催し、朝鮮半島におけるスポーツの発展に寄与したものと思われる。しかし役員を務める朝鮮人たちのなかでも、表6のグレーで色づけされた人々は『친일인명사전』（『親日人名辞典』）で、植民地期に行った対日協力行為を指摘されている。これをみる限り朝鮮体育会の活動が、真に民族的であったという評価を下すには難しい部分もあるだろう。おそらく色づけされていない人々のなかにも、対日協力者として評価される人物が存在

表6　朝鮮体育会役員名簿およびその変遷（1920〜1938年）

| 初代(1920. 7 . 13〜1921. 7 . 22) | | 2代(1921. 7 . 23〜1923. 11. 27) | | 3代(1923. 11. 28〜1924. 6 . 24) | | 4代(1924. 7 . 1 〜1924. 11. 12) | |
|---|---|---|---|---|---|---|---|
| 会長 | 張斗鉉 | 会長 | 高元勳 | 会長 | 崔麟 | 委員長 | 朴昌夏 |
| 理事長 | 高元勳 | 理事長 | 李升雨 | 理事長 | 朴勝彬 | 委員 | 金圭冕 |
| 理事 | 劉汶相 | | 任璟宰 | 理事 | 金丙台 | | 金丙台 |
| | 尹冀鉉 | 理事 | 金炳(丙)台 | | 劉汶相 | | 김옥빈 |
| | 李升雨 | | 朴宇秉 | | 李東植 | | 金鍾遠 |
| | 李源容 | | 朴昌夏 | | 李升雨 | | 朴宇秉 |
| | 任兢淳 | | 元達鎬 | | 李源容 | | 沈相福 |
| | 張徳秀 | | 劉汶相 | | | | 呂運弘 |
| | 鄭大鉉 | | 李東植 | | | | 呉一澈 |
| | | | 李源容 | | | | 李建春 |
| | | | 鄭大鉉 | | | | 李観雨 |
| | | | 趙喆鎬 | | | | 李相基 |
| | | 顧問 | 金東轍 | | | | 李定薫 |
| | | 研究員 | 姜楽遠 | | | | 李重国 |
| | | | 徐丙義 | | | | 張権 |
| | | | 元達鎬(兼) | | | | 全義鎔 |
| | | | 李重国 | | | | 車寛鎬 |
| | | | 許城 | | | | 崔登萬 |
| | | 幹事 | 呉一澈 | | | | 崔在鶴 |
| | | | 李定薫 | | | | 洪翰秀 |
| | | | | | | 幹事 | 朴栄鎮 |

| 5代(1924. 11. 13〜1925. 3 . 29) | | 6代(1925. 3 . 30〜1925. 9 . 10) | | | 7代(1925. 9 . 11〜1927. 7 . 14) | | |
|---|---|---|---|---|---|---|---|
| 委員長 | 李東植 | 委員長 | 金圭冕 | | 委員長 | 申興雨 | |
| 常務委員 | 金圭冕 | 常務委員 | 李丙義 | | 常務委員 | 具滋玉 | |
| | 李丙義 | | 元達鎬 | | | 金圭冕 | |
| 委員 | 姜昌熙 | 委員 | 강매 | 윤호병 | | 元達鎬 | |
| | 具宗泰 | | 姜昌熙 | 李吉用 | 委員 | 강매 | 李一 |
| | 金丙台 | | 具宗泰 | 李丙憲 | | 具永淑 | 李重国 |
| | 김옥빈 | | 金道泰 | 李相基 | | 金道泰 | 張権 |
| | 金鍾遠 | | 金丙台 | 李相協 | | 金東進 | 鄭大鉉 |
| | 呂運弘 | | 김옥빈 | 李一 | | 朴勝彬 | 車寛鎬 |
| | 劉汶相 | | 金鍾遠 | 李重国 | | 白寛洙 | 崔斗善 |
| | 柳志永 | | 朴勝彬 | 鄭大鉉 | | 徐丙義 | 崔登萬 |
| | 兪鎮億 | | 鮮于全 | 鄭寅昌 | | 徐相国 | 崔麟 |

| | | | | |
|---|---|---|---|---|
| 윤호병 | 薛義植 | 趙喆鎬 | 鮮于全 | 崔鳴煥 |
| 李吉勇 | 申興雨 | 崔麟 | 薛義植 | 崔在鶴 |
| 李炳憲 | 厳柱益 | 韓基岳 | 厳柱益 | 韓基岳 |
| 李相基 | 呂運弘 | 玄相允 | 兪億兼 | 玄相允 |
| 李一 | 劉汶相 | 洪性夏 | 兪鎮億 | 洪性夏 |
| 鄭寅昌 | 兪億兼 | 洪翰秀 | 尹致昊 | |
| 趙喆鎬 | 柳志永 | | 李建春 | |
| 洪翰秀 | 兪鎮億 | | 李相協 | |
| | 尹致昊 | | 李乙 | |

| 8代(1927. 7.18～1928. 8.17) | | 9代(1928. 8.18～1937. 7. 2) | | | 10代(1937. 7. 3～1938. 7. 3) | |
|---|---|---|---|---|---|---|
| 委員長 | 兪億兼 | 会長 | 尹致昊 | | 会長 | 兪億兼 |
| 常務委員 | 金圭冕 | 副会長 | 兪億兼 | | 副会長 | 金圭冕 |
| | 崔登萬 | 常務理事 | 金圭冕 | | 常務理事 | 金龍九 |
| 委員 | 高永翰 | | 김연구 | | | 朴栄鎮 |
| | 金東進 | | 金龍九 | | | 이순재 |
| | 金東轍 | 理事 | 具滋玉 | 呂運弘 | 理事 | 김연구 |
| | 김연구 | | 金東轍 | 呉漢泳 | | 朴勝彬 |
| | 馬春植 | | 金性洙 | 李世禎 | | 徐相天 |
| | 朴勝彬 | | 金鍾善 | 李元相 | | 呂運弘 |
| | 朴昌夏 | | 金鍾遠 | 李元植 | | 崔在煥 |
| | 朴昌薫 | | 朴勝彬 | 李潤柱 | | 韓軫熙 |
| | 朴天秉 | | 朴寧根 | 李乙 | | 監事以下略 |
| | 白命坤 | | 朴準鎬 | 李天植 | | |
| | 徐丙羲 | | 朴昌夏 | 鄭大鉉 | | |
| | 徐相国 | | 朴天秉 | 朱耀翰 | | |
| | 李建春 | | 白寛洙 | 崔斗善 | | |
| | 李相協 | | 徐丙羲 | 崔登萬 | | |
| | 李乙 | | 宋鎮禹 | 崔在煥 | | |
| | 車寛鎬 | | 申基俊 | 玄東元 | | |
| | 玄正柱 | | 厳柱益 | 玄正柱 | | |
| | | | 呂運亨 | 黄乙秀 | | |
| | | | 監事以下略 | | | |

典拠：大韓体育会『大韓体育会七十年史』（大韓体育会、1990年、79-81頁）参照。またグレーで色づけした人々は、『親日人名辞典』に記載された人物であり、対日協力行為が確認されている。

するものと推察される。

彼らは民族のために民族の近代化を果たそうとしたが、その志向性は最終的に宗主国との協働へと結びつき、朝鮮人青年を戦争に駆り立てていった。とりわけ会長を務めた尹致昊《ユン・チホ》、崔麟《チェ・イン》、兪億兼《ユ・オッキョム》は、総力戦体制期において朝鮮人の戦時動員に関与した経歴があり、単純にスポーツ振興に尽くしたとはいいがたい。そしてこの事実を知るとき、本書で扱ったスポーツの英雄の対日協力行為が、個人の責任に帰せられるものではなく、スポーツに関わった朝鮮知識人と宗主国との協働のなかに包含されるものであったことが再確認されよう。

解放後の朝鮮半島では、この朝鮮体育会が再組織され、スポーツ界の舵を取ることになっていく。朝鮮体育会が再組織される前、解放直後に各スポーツの任意団体・連盟が成立していくなか、その嚆矢として朝鮮体育同志会が結成されたが、その委員長には大日本体育協会で理事まで務めた李相佰《イ・サンペク》が、総務委員に張権《ジャン・グォン》、李栄敏《イ・ヨンミン》、李鍾九《イ・ジョング》、権泰夏《グォン・テハ》、鄭商熙《ジョン・サンヒ》、丁相允《チョン・サンイン》、林東洙《イム・ドンス》らが名を連ねている。この同志会は、朝鮮半島に進駐してきたアメリカ軍と、バスケットボールや野球などのスポーツを通して交流したとされる。

朝鮮体育会はこうした同志会を母体にしつつ、一九四五年十一月二十六日に再組織され、第一一代会長に呂運亨《ヨ・ウニョン》が推戴された。呂運亨を会長に迎えたことが、解放後の朝鮮半島情勢とスポーツの関係を反映しているともいえるだろう。副会長には植民地期に最後の会長となった兪億兼が、常務理事には日章旗抹消事件を主導した李吉用《イ・キリョン》が入っており、また同志会の委員長でもあった李相佰やロス五輪に参加した金恩培も役員になっている。このように民族主義者、対日協力者の両者が入り交じった状態で、解放後のスポーツ界はスタートしていったのである。植民地期の宗主国日本によって生み出されたアリーナは、解放後の社会に根を張り続けたと考えねばならず、これらに関する分析は、今後の課題としていきたい。

# あとがき

　母に連れられて工場に向かう。少し薄暗い廊下を抜けてなかに入ると、ゴムとボンドのにおいが鼻を突き、ミシンと裁断機の振動が小さな体にこだまする。それほど嫌なにおいではないが、若干頭を揺さぶられる振動は、心地のよいものではない。それに合成皮革の束であふれんばかりの工場は、おせじにもきれいな環境とはいいがたかった。子どもながらに、なんとなく窮屈な場所だと感じていた。

　父はケミカルシューズ産業に従事する裁断工で、母はミシン工だった。ケミカルシューズ産業は、かつて多くの在日コリアンの生活に寄与していた。小学生のころ、たまに母に連れられてやってきた工場で、母がミシンをかけおえ、連なった甲革部分のひとつずつを切り離す作業（糸切り）が、私の手伝える唯一の仕事だった。母が無心でミシンを鳴らす姿は、その振動とともに私の記憶の片隅に残っている。日本で暮らす在日コリアンとしてのひとつの原風景である。さらなる風景は炭火で焼くホルモンであり、酒であり、ギャンブルだろうか。日本人にとってもそれほど特別な風景ではないかもしれない。

数年前に父が死んだとき、韓国に提出しなければならない書類を作成するなかで、一九四〇年に祖父が朝鮮半島から日本に渡ってきたことを知った。植民地時代に日本に渡ってきていたことは知っていたが、詳細な年までは知らなかった。

朝鮮半島で人生の半分を生きた祖父は、植民地朝鮮でスポーツをみたことがあっただろうか。あるいは朝鮮半島でスポーツを経験する機会があっただろうか。孫基禎の金メダルを知っていただろうか。朝鮮神宮競技大会や皇国臣民体操を知っていただろうか。生活のために日本に渡ってきたコリアンたちが、この時代の「スポーツ」にどの程度の関心をもっていたかはわからない。ひょっとするとスポーツに熱狂したかもしれない。しかし肉体労働に勤しみ、その日暮らしの生活なかで、酒に博打に明け暮れた祖父が、植民地朝鮮で「スポーツ」を経験したとは考えにくい。祖父の生きた時代（一九三〇年代まで）の朝鮮半島で学校に通える者は、一～三割程度にすぎなかったのだから。祖父は、野球やボクシングのラジオ中継を楽しむことができただろうか。

私の研究者としての立ち位置は、私の原風景と現在が交錯しながら存在している。

近代という時代、残念ながら「スポーツ」は一部の人々のものであった。それに気づかずに「スポーツ」を分析することはナンセンスだろう。「スポーツ」にある種の機能を見出したとき、朝鮮総督府も朝鮮知識人も学校教育のなかだけでなく、学校教育をうけられない者を、スポーツのなかにどのように取り込めばよいのか同様に苦労し、工夫した。社会のあらゆる人々に、スポーツを提供できなければ、その機能の一切が無駄だからである。ゆえに「スポーツ」をどのように扱ったのかを分析することは、それに関わるあらゆる種類の知識人の志向性を明らかにすることを可能とする。支配する側もされる側も、それに協力した者たちをも、である。近代性を帯びたスポーツの場をアリーナにして、いかなるヘゲモニーが形成され、そこから逃れられなくなるのか、これが本書において私が意図した部分であった。

ただスポーツという国際性豊かな文化を対象として扱っているにもかかわらず、国際的視座から本書が描き切れていない点は本書の限界であり、著者の力量不足でしかない。今後研究を継続していくことにより、乗り越えることができるようにしていきたい。

本書を刊行するにあたっては、本当に多くの方々にお世話になった。

本書は神戸大学大学院博士学位請求論文をもとにして、加筆修正を行った。恩師の木村幹先生には大学院を終えてからも、私の研究をご指導いただき、いつも私を導いてくださっている。ゼミでの報告の折には、私が気づかない部分を見事に切り分けて抽出してくださり、解決の糸口をお示しいただいている。また木村ゼミの諸先輩方、大学院生の皆さんには、いつもゼミで活発な議論をしていただき感謝している。

本書を刊行できたのは、塙書房をご紹介いただいた、京都大学の高嶋航先生のおかげである。高嶋先生とはご一緒に仕事をさせていただく機会をえて、その仕事ぶりを目の当たりにさせていただいている。学ぶべきことが多々あり、今後の私の研究生活の指針となるだろう。感謝申し上げるとともに、先生の今後のご活躍を楽しみにしたい。

京都大学の小野容照先生との出会いも、本書を書き上げていく励みとなった。資料収集においてもご協力いただき、また朝鮮半島のスポーツについて、それぞれの構想をお話できたことは本当にありがたかった。記して感謝申し上げたい。

すでにご退官されたが、北海道大学名誉教授の西尾達雄先生、札幌大学名誉教授の李景珉先生には、本書に関わる資料の多くをご提供いただき、また歴史的事実についてもご教授いただいた。あつく御礼申し上げたい。

編集をご担当いただいた塙書房の寺島正行氏には、初めての著書ということもあり、戸惑うばかりで多大なご迷惑をおかけしてしまった。本書が日の目をみることができたのは、寺島氏のおかげである。記して心より感謝申し上げたい。

最後に私事となり恐縮だが、本書を書き上げる原動力となってくれた妻の昭子、娘の萌愛、息子の絢世に、ささやかながら本書を通じて「ありがとう」と伝えたい。

二〇一七年十月一日

金　誠

# 参考文献


Ⅰ

岩下傳四郎『大陸神社大観』（大陸神社連盟、一九四一年）
小笠原省三『海外の神社』（神道評論社、一九三三年）
金　白永「植民地都市京城の広場と路地」（『植民地朝鮮と帝国日本』勉誠出版、二〇一〇年）
大韓体育会『大韓体育会史』（大韓体育会、一九六五年）
高嶋　航『帝国日本とスポーツ』（塙書房、二〇一二年）
朝鮮体育協会『歴史深き半島のオリンピアード総合競技プログラム』（朝鮮体育協会、一九三四年）
西尾達雄『日本植民地下朝鮮における学校体育政策』（明石書店、二〇〇三年）
宮田節子「天皇制教育と皇民化政策」（『帝国日本とアジア』吉川弘文館、一九九四年）

Ⅱ

金　成植『抗日韓国学生運動史』（高麗書林、一九七四年）
全州師範学校付属普通学校研究部『皇国臣民体操精義』（日韓書房、一九三八年）
中村民雄『剣道事典―技術と文化の歴史』（島津書房、一九九二年）
西尾達雄『日本植民地下朝鮮における学校体育政策』（明石書店、二〇〇三年）

樋口雄一『戦時下朝鮮の民衆と徴兵』（総和社、二〇〇一年）
宮田節子『朝鮮民衆と「皇民化」政策』（未来社、一九九七年）
宮田節子・金英達・梁泰昊著『創氏改名』（明石書店、一九九六年）

Ⅲ

ヴィクトリア・デ・グラツィア『柔らかいファシズム』（有斐閣選書、一九八九年）
신주백「체육교육의 군사화와 강제된 건강」（『식민지의 일상』문화과학사、二〇〇六年）
高岡裕之『総力戦体制と「福祉国家」―戦時日本の「社会改革」構想』（岩波書店、二〇一一年）
田中寛一『日本の人的資源』（蛍雪書院、一九四一年）
西尾達雄『日本植民地下朝鮮における学校体育政策』（明石書店、二〇〇三年）
西尾達雄「朝鮮総督府「国防と体育に関する座談会」について」（『鳥取大学教育学部研究報告（教育科学）』第四〇巻第二号、一九九八年）
森田芳夫『朝鮮に於ける国民総力運動史』（国民総力朝鮮連盟、一九四五年）

Ⅳ

小野容照『帝国日本と朝鮮野球』（中央公論新社、二〇一七年）
坂上康博『権力装置としてのスポーツ』（講談社選書メチエ、一九九八年）
大韓体育会『大韓体育会史』（大韓体育会、一九六五年）
東亜日報社『東亜日報社史　巻一』（東亜日報社、一九七五年）
南宮昤皓「日本統治期朝鮮における東亜日報社主催女子庭球大会（一九二三―一九三九）に関する研究」（『スポーツ

史研究』第一三号、スポーツ史学会、二〇〇〇年三月）
西尾達雄『日本植民地下朝鮮における学校体育政策』（明石書店、二〇〇三年）
武者錬三「スポーツと内鮮融和―内鮮の理解は運動から―」（『朝鮮同胞の光』熊平商店、一九三四年）

Ⅴ
仁村紀念会『仁村金性洙伝』（仁村紀念会、一九七六年）
小野容照『帝国日本と朝鮮野球』（中央公論新社、二〇一七年）
カーター・J・エッカート『日本帝国の申し子』（草思社、二〇〇四年）
木村　幹『韓国における「権威主義的」体制の成立―李承晩政権の崩壊まで―』（ミネルヴァ書房、二〇〇三年）
高麗大学校七十年誌編纂室『高麗大学校七十年誌』（高麗大学校、一九七六年）
高麗大学校六十年誌編纂委員会『六十年誌』（高麗大学校、一九六五年）
鄭　敬謨「悪の種子が蒔かれた頃―韓国のハイド性とジキル金性洙―」（『シアレヒム』第四巻、シアレヒム社、一九八二年）
東亜日報社『仁村金性洙』（東亜日報社、一九八六年）

Ⅵ
大島裕史『日韓キックオフ伝説』（実業之日本社、一九九六年）
鎌田忠良『日章旗とマラソン』（潮出版社、一九八四年）
坂上康博『権力装置としてのスポーツ』（講談社選書メチエ、一九九八年）
대한체육회『대한체육회90년사』（대한체육회、二〇一〇年）

日本バスケットボール協会『バスケットボールの歩み　日本バスケットボール協会五十年史』（日本バスケットボール協会、一九八一年）
윤경헌・최창신『이야기―한국체육사③　축구①国技축구―그　찬란한　아침』（국민체육진흥공단、一九九七年）
Lee, Seok, "Colonial Korea and the Olympic Games, 1910–1945" (2016). *Publicly Accessible Penn Dissertations.*

Ⅶ

大島裕史『日韓キックオフ伝説』（実業之日本社、一九九六年）
鎌田忠良『日章旗とマラソン』（潮出版社、一九八四年）
姜　徳相『朝鮮人学徒出陣』（岩波書店、一九九七年）
坂上康博『権力装置としてのスポーツ』（講談社選書メチエ、一九九八年）
坂上康博・金虎君「植民地下朝鮮におけるサッカー―民族の表象をめぐる闘争と熱狂―」（『日本植民地研究』第二五号、二〇一三年）
孫　基禎『ああ月桂冠に涙』（講談社、一九八五年）
高嶋　航『帝国日本とスポーツ』（塙書房、二〇一二年）
한국체육기자연맹『일장기말소의거기사　李吉用』（인물연구사、一九九三年）

おわりに

姜　徳相『朝鮮人学徒出陣』（岩波書店、一九九七年）
친일인명사전편찬위원회『친일인명사전』（친일인명사전편찬위원회、二〇〇九年）

（主な日本語資料）
『京城日報』『大阪朝日新聞朝鮮版』『読売新聞』『東京朝日新聞』『東京日日新聞』『アスレチックス』『オリムピック』『朝鮮』『朝鮮及満洲』『文教の朝鮮』『体育と競技』『朝鮮社会事業』『東洋之光』『特高外事月報』『緑旗』『朝鮮年鑑』『朝鮮事情』『朝鮮総督府施政年報』『朝鮮総督府施政三十年史』『第十回オリムピック大会報告書』『第十一回オリムピック大会報告書』

（主な韓国・朝鮮語資料）
『東亜日報』『朝鮮日報』『朝鮮中央日報』『毎日新報』『東光』『三千里』『新東亜』『大韓体育会史』『大韓体育会七十年史』『대한체육회90년사』『東亜日報社史巻一』『仁村金性洙伝』『六十年誌』『高麗大学校七十年誌』『친일인명사전』

金　誠（きん・まこと／キム・ソン）

一九七四年、兵庫県神戸市生まれ。神戸大学大学院国際協力研究科博士後期課程単位取得退学。博士（学術）。

現在、札幌大学地域共創学群教授、専攻はスポーツ史・朝鮮近代史。

（主要論文）

「植民地朝鮮における朝鮮神宮競技大会に関する研究」（『スポーツ史研究』第26号、二〇一三年）、「植民地朝鮮における近代性と民族の「身体」―スポーツによる民族的劣等感の払拭」（『植民地教育史年報』第17号、二〇一五年）、「スポーツにみる植民地権力とナショナリズムの相克―第11回オリンピック競技大会（ベルリン）の金メダリスト孫基禎を中心に―」（『現代韓国朝鮮研究』第16号、二〇一六年）など。

［塙選書122］
近《きん》代《だい》日《に》本《ほん》・朝《ちょう》鮮《せん》とスポーツ　支配と抵抗、そして協力へ
二〇一七年十二月五日　初版第一刷

著者――――金　誠
発行者―――白石タイ
発行所―――株式会社塙書房
〒113-0033　東京都文京区本郷6-8-16
電話＝03-3812-5821　振替＝00100-6-8782
印刷・製本所――亜細亜印刷・弘伸製本
装丁者―――古川文夫（本郷書房）

落丁・乱丁本はお取り替えいたします。定価はカヴァーに表示してあります。

　ISBN978-4-8273-3122-6 C1321